SEKUNDARSTUFE I
Klasse 5–10

Peter Wendt (Hrsg.)

Digital unterrichten

Apps & Co. im
Religions- und Ethikunterricht
gezielt einsetzen

Fertige Stundenentwürfe

Cornelsen

Der Herausgeber

Dr. Peter Wendt ist Diplom-Pädagoge, Schulleiter und Schulrat a.D. Er arbeitet auch als zertifizierter Gruppenleiter und in der Supervision.

Die Autorinnen und Autoren

Bianca Brettträger, Martin Buntrock, Inken Christiansen, Niklas Günther, Hans Hubbertz, Edelgard Moers, Jürgen Moers, Thomas Nonnenmacher, Stefanie Pfister, Sönke Zankel

(Nähere Angaben zu den Autorinnen und Autoren finden Sie am Ende des Bandes.)

Projektleitung: Dorothee Weylandt, Berlin
Redaktion: Birte Meyer, Berlin
Umschlaggestaltung: Corinna Babylon, Berlin
Layout und technische Umsetzung: fotosatz griesheim GmbH, Griesheim

www.cornelsen.de

1. Auflage 2019

Alle Drucke dieser Auflage sind inhaltlich unverändert und können im Unterricht nebeneinander verwendet werden.

© 2019 Cornelsen Verlag GmbH, Berlin

Das Werk und seine Teile sind urheberrechtlich geschützt. Jede Nutzung in anderen als den gesetzlich zugelassenen Fällen bedarf der vorherigen schriftlichen Einwilligung des Verlages.
Hinweis zu §§ 60 a, 60 b UrhG: Weder das Werk noch seine Teile dürfen ohne eine solche Einwilligung an Schulen oder in Unterrichts- und Lehrmedien (§ 60 b Abs. 3 UrhG) vervielfältigt, insbesondere kopiert oder eingescannt, verbreitet oder in ein Netzwerk eingestellt oder sonst öffentlich zugänglich gemacht oder wiedergegeben werden. Dies gilt auch für Intranets von Schulen.

Druck: Athesiadruck GmbH, Bozen

ISBN 978-3-589-16600-8

Inhaltsverzeichnis

Vorwort 4

Bausteine zum Einsatz digitaler Medien im Religions- und Ethikunterricht 4

Themenkomplexe und Unterrichtsideen

1 Türöffner für digitales Lernen und Arbeiten 6
1.1 Ethische und theologische Fragen in einem Newsletter beantworten (Klasse 5–10) 6
1.2 Eine Kirchenraumerkundung als Video dokumentieren und auswerten (Klasse 5–10) 8
1.3 Bilder am interaktiven Whiteboard erschließen (Klasse 5–10) 10
1.4 Ein stummes Schreibgespräch zur Ausgangsfrage „Was brennt dir auf der Seele? Wonach hast du Sehnsucht?" führen (Klasse 7/8) 13
1.5 „Flipped Classroom" – als Lehrkraft ein Erklärvideo produzieren (Klasse 5–10) 15
1.6 Schülerinnen und Schüler drehen ein Erklärvideo (Klasse 5–10) 17

2 Freundschaft 19
2.1 Eigene Texte zum Thema „Freundschaft" als E-Book veröffentlichen (Klasse 5–10) 19
2.2 Einen Videoclip zum Thema „Freundschaft" drehen (ab Klasse 10) 21
2.3 Das Thema „Angst und Mut" als Video in Szene setzen (Klasse 5–10) 23

3 Tod und Trauer 25
3.1 Eine Online-Schülerzeitung zum Thema „Abschied, Tod und Trauer" erarbeiten (Klasse 5–10) 25
3.2 Die Darstellung von Trauer in Popsongs untersuchen (Klasse 5–10) 27
3.3 Einen Podcast zum Thema „Sterbehilfe" aufnehmen (ab Klasse 10) 29

4 Schöpfung 31
4.1 Eine Hörfunksendung zum Thema „Erhalt der Schöpfung" entwickeln (Klasse 5–10) 31
4.2 Die Schöpfung musikalisch und bildlich darstellen (ab Klasse 10) 33

5 Gottesbild und Bibel 35
5.1 BibleFace – ein Selfie aus Bibelversen generieren (Klasse 5–10) 35
5.2 Gott als Video-Star – ein Musikvideo gestalten (Klasse 7–10) 36
5.3 Interviews mit Eva, Lilit und Debora ... – Internetrecherche zum Thema „Frauen in der Bibel" (Klasse 9/10) 38
5.4 Fanfiction zu einer biblischen Person verfassen (Klasse 7–10) 40
5.5 Paare in der Bibel – eine Foto-Lovestory entwickeln (Klasse 5–10) 42

6 Martin Luther 45
6.1 Martin Luther und der Reformation im Internet auf die Spur kommen (ab Klasse 10) 45
6.2 Von Facebook zu Heavensbook – Martin Luthers Rechtfertigungsidee näherkommen (Klasse 8–10) 47
6.3 Ein Erklärvideo zum Thema „Martin Luther und die Reformation" drehen (Klasse 5–10) 50

7 Vielfalt des Glaubens 52
7.1 Die Weltreligionen im Internet erkunden (Klasse 5/6) 52
7.2 Judentum, Christentum und Islam in einem Podcast erklären (Klasse 5–10) 54
7.3 Zum Thema „Religiöse Sonderwege" im Internet recherchieren (Klasse 7/8) 56
7.4 Hintergründe ethischer Handlungsfelder ausfindig machen (Teil 1) (ab Klasse 10) 58
7.5 Informationen zu ethischen Handlungsfeldern präsentieren (Teil 2) (ab Klasse 10) 60

Die Autorinnen und Autoren 62

Vorwort

Bausteine zum Einsatz digitaler Medien im Religions- und Ethikunterricht

Mit diesem Band wollen wir Sie anregen und ermutigen, digitale Medien im Religions- und Ethikunterricht von Sekundarschulen für einzelne Unterrichtsstunden, Stundeneinheiten oder Projekte einzusetzen. Mit digitalen Medien wird das didaktische und methodische Spektrum des Religions- und Ethikunterrichts erweitert, vor allem werden Schülerinnen und Schüler motiviert, sich religionsbezogene und ethische Themenfelder mithilfe digitaler Medien eigenständig zu erschließen. Die Benutzung digitaler Medien wird für viele nicht neu sein, aber durch lernzielgerichtetes, themenzentriertes Arbeiten erschließen sich den Schülerinnen und Schülern neue Erkenntniswege und sie erweitern ihre digitalen Handlungskompetenzen. Durch fachspezifische Fokussierungen öffnen sich neue Perspektiven für ihren Werte- und Erkenntnishorizont.

Auch wenn Sie digitale Medien im Religions- und Ethikunterricht bisher wenig oder gar nicht eingesetzt haben, ist Ihre fachdidaktische Kompetenz die Basis dafür, digitale Medien in den Unterricht zu integrieren und sicher und kompetent zu nutzen. Die folgenden Anregungen vermitteln dafür Handlungssicherheit:

- Bilden Sie „**Starterteams**", die den Einsatz digitaler Medien vorbereiten:
  - Teambildung durch die Fachschaft vornehmen lassen
  - IT-Verantwortliche der Schule einbinden
  - Ggf. Schülerinnen und Schüler beteiligen
  - Entwicklungsschritte für weitere Lehrkräfte dokumentieren

- Legen Sie Grundsätze des **fachbezogenen Einsatzes** in Fachkonferenzen fest:
  - IT-Fachkonferenz beteiligen
  - Ggf. Kompetenzraster für Jahrgangsstufen erarbeiten

- Informieren Sie über die schulintern unterschiedlichen Regelungen zur **Benutzung privater Medien** in der Schule (z. B. Laptop, Smartphone, Kamera):
  - Benutzerregelungen klären
  - Vereinbarungen zum unterrichts- und projektbezogenen Einsatz zwischen Lehrkraft, Schülerinnen und Schülern treffen
  - Schulintern Transparenz schaffen, vor allem, wenn Ausnahmeregelungen getroffen werden müssen

- **Transparenz in Schule und Elternschaft** herstellen:
  - Lehrerkonferenz, Schulkonferenz und Elternvertretung informieren
  - Schülervertretung einbinden

- Schülerinnen und Schüler umfassend und rechtssicher über **Urheberrechte und Datenschutz** informieren:
  - Zur rechtlichen Absicherung ggf. eine Selbstverpflichtung der Schülerinnen und Schüler unterschreiben lassen
  - Eltern über die Einhaltung urheberrechtlicher und datenschutzrechtlicher Verpflichtungen informieren
  - Auf datenschutzrechtliche Regelungen und Verpflichtungen der Schule zurückgreifen

- **Datensicherung**:
  - Regelungen zur Sicherung des erarbeiteten Datenmaterials treffen und verbindlich festlegen
  - Schülerinnen und Schüler ggf. Verpflichtungserklärung unterschreiben lassen (eventuell auf vorhandene Schulregelung zurückgreifen)

- **Analoge Angebote** zur Ergänzung und vor allem zur eigenen Sicherheit für den Fall von technischen Pannen bereithalten

- **Feedback verbindlich einplanen**: Im Religions- und Ethikunterricht haben kommunikative Prozesse in Form von Einzel- oder Gruppengesprächen eine zentrale Bedeutung. Die Erfahrungen mit digitalen Medien müssen durch Feedbackrunden in der Lerngemeinschaft ausgetauscht werden

- **Einsatzfähigkeit** digitaler Schulgeräte überprüfen: Probelauf vorbereiten, starten und auswerten

Wir hoffen, Ihnen mit den Unterrichtsideen den Weg für die ersten Schritte im erfolgreichen Umgang mit digitalen Medien zu ebnen. Bleiben Sie gelassen!

P.S.: Aus Gründen der besseren Lesbarkeit wird in diesem Buch durchgehend die männliche grammatische Form verwendet. Natürlich sind damit auch immer Frauen und Mädchen gemeint, also Lehrerinnen, Schülerinnen usw.

Im Weiteren werden außerdem die folgenden Abkürzungen eingesetzt:

SuS – Schülerinnen und Schüler
L – Lehrkraft/Lehrperson
EA – Einzelarbeit
PA – Partnerarbeit
GA – Gruppenarbeit
LV – Lehrervortrag

1 Türöffner für digitales Lernen und Arbeiten

Unterrichtsidee 1.1: Ethische und theologische Fragen in einem Newsletter beantworten (Klasse 5–10)

(von Edelgard Moers)

In Kürze
Die SuS sammeln schwierige Fragen und suchen nach Erklärungen. Die gefundenen Antworten veröffentlichen sie als Newsletter – dabei geht es um eine Theologie von, für und mit den SuS. Die SuS sollen ihre Gedanken und Vorstellungen nicht nur formulieren, sondern auch weiterentwickeln und eigene Einstellungen und Haltungen ausbilden.

Ziele/Kompetenzen	Die SuS ... • sammeln Fragen zu ethischen und theologischen Themen. • führen theologische Gespräche. • suchen in biblischen und wirkungsgeschichtlichen Texte nach Antworten, befragen Experten oder schauen sich Filme oder Bilder an. • finden heraus, dass es bei Glaubensfragen nicht immer nur eine Antwort gibt, akzeptieren mehrere Erklärungen und bilden sich eine eigene Meinung.
Digitale Medien	• PC • Beamer • Internetzugang • Schul-Homepage
Sozialform	Partner- und Gruppenarbeit
Zeitbedarf	5 bis 6 x 45 Min.

Phase	Unterrichtsverlauf	Sozialform
Einstieg	In Gruppen überlegen sich die SuS theologische Fragestellungen und stellen diese anschließend einander im Plenum vor. Jede Gruppe wählt eine Frage aus, die sie genauer bearbeiten möchte.	GA Plenum
Erarbeitung	Die SuS halten ihre Antworten und Erklärungen schriftlich fest.	PA GA
Präsentation	Die SuS lesen (über Beamer) und diskutieren die Texte kritisch, bevor sie sie für die Veröffentlichung im Newsletter abschließend bearbeiten. Dafür sollten sie sich zuvor über Folgendes abstimmen: • Layout • wiederkehrende Überschriften • Reihenfolge der Artikel • Korrekturleser/in • technische Organisation (Upload) Abschließend wird der Newsletter auf der Homepage der Schule hochgeladen.	Plenum GA

Reflexion	Die SuS reflektieren ihre Lernprozesse. Sie äußern sich zu ihren Erfahrungen beim Theologisieren und zu den gefundenen Erklärungen. Sie gehen darauf ein, was sie gelernt haben, was ihnen gefallen hat und woran sie noch weiterarbeiten werden.	Plenum

ⓘ *Hinweis:*

Die Weltreligionen erklären die großen Fragen des Lebens unterschiedlich. Die Frage nach der Glaubens- oder Gottesvorstellung beantwortet jeder Mensch individuell. Deshalb können die SuS in dem Newsletter auch mehrere Antworten zu einer Frage aufführen.

Der Newsletter kann in regelmäßigen Abständen (z. B. monatlich) erscheinen und entweder auf der Homepage oder im Intranet der Schule, in der Schülerzeitung oder per E-Mail Interessierten zugänglich gemacht werden.

💡 *Tipp:*

Beispiele für theologische Fragestellungen:
- Wer ist Jesus für mich?
- Wo ist Gott in meinem Leben?
- Was bedeutet mir die Kirche?
- Wo finde ich Erbauung und Ruhe?
- Was bedeutet Familie?
- Wie verstehe ich den Glauben?
- Was ist eine Sünde?
- Warum sind manche Eltern nicht gut zu ihren Kindern?
- Wann darf ich eine Notlüge benutzen?
- Welche Feste sind für mich bedeutsam?
- Wie feiere ich?
- Wie verbringe ich am liebsten meine freie Zeit?
- Was ist nach dem Tod?
- Was bedeutet Auferstehung?
- Wann ist ein Freund ein wahrer Freund?
- Warum lässt Gott zu, dass Kinder sterben?
- Warum gibt es so viele Ungerechtigkeiten?
- Wer ist Gott?
- Wie ist Gott?
- Was ist Glück?
- Was ist die Schöpfung?
- Was ist Liebe?
- Was ist Aberglaube?
- Was ist Freundschaft?
- Wann bin ich ein wahrer Freund?
- Warum bin ich auf der Welt?
- Wie kann ich ein erfüllendes Leben führen?
- Was ist Wahrheit?
- Was ist Mut?

Unterrichtsidee 1.2: Eine Kirchenraumerkundung als Video dokumentieren und auswerten (Klasse 5–10)

(von Jürgen Moers)

In Kürze	
Die SuS dokumentieren mithilfe ihres Smartphones eine Kirchenraumerkundung und werten die Aufnahmen anschließend aus. Sie erweitern auf diese Weise ihre Wahrnehmung und Deutung der religiösen Symbole.	

Ziele/Kompetenzen	Die SuS ... • erstellen ein Drehbuch für die Aufnahmen bei einer Kirchenraumerkundung und planen ihr Vorhaben im Sinne des kooperativen Lernens. • nutzen das Smartphone für gezielte Filmaufnahmen und erweitern so ihre Medienkompetenz.
Digitale Medien	• Smartphone • Beamer
Vorbereitung	Zur Vorbereitung führt die L mit den SuS in Ruhe eine Kirchenraumerkundung ohne Einsatz digitaler Medien durch.
Sozialform	Gruppenarbeit
Zeitbedarf	2 bis 3 x 45 Min.
Achtung!	Die selbst gedrehte Dokumentation über die Kirchenraumerkundung sollte eine Länge von 5 bis 8 Minuten nicht überschreiten. Falls die SuS die Aufnahmen in Gruppen machen, sollten sie darauf achten, dass sie sich nicht gegenseitig stören und auch nicht im Bild zu sehen sind. Die einzelnen Gruppen können die Aufnahmen auch nacheinander erstellen. Die SuS können GEMA-freie Musik verwenden. Entsprechende Verzeichnisse finden sich im Internet. Die Musikauswahl muss aber dennoch bei der GEMA angemeldet werden.

Phase	Unterrichtsverlauf	Sozialform
Einstieg	Die SuS überlegen im Anschluss an eine gemeinsame Kirchenraumerkundung, welche Sehenswürdigkeiten ihnen in und an einer Kirche in ihrem Schulbezirk besonders aufgefallen sind. Sie planen die Dokumentation mithilfe ihres Smartphones. Die SuS können vor den Videoaufnahmen Kriterien für ihr Vorhaben festlegen, einen Fragenkatalog zusammenstellen und gemeinsam überlegen, wie sie Probleme bei den Filmaufnahmen vermeiden können (z. B.: Was können wir tun, damit das Bild nicht verwackelt?).	Plenum GA

Erarbeitung	Entweder erstellt jede Gruppe ein Video oder die Lerngruppe dreht die Dokumentation gemeinsam. Dazu verschriftlichen die SuS einen Ablauf bzw. ein Drehbuch. Bei guter Vorbereitung drehen die SuS „auf Schnitt". Das erspart ihnen die sonst fällige Nachbearbeitung, insbesondere den mühseligen Schnitt. Dafür müssen die Szenen in einer zuvor festgelegten Reihenfolge gedreht werden. *Beispiel:* Der Filmtitel wird zuerst aufgenommen. Eine Hand schreibt den Titel auf ein Blatt oder jemand „malt" ihn mit einem Stock in den Sand. Der Film beginnt mit einigen kurzen Szenen, die erkennen lassen, worum es geht (z. B.: Außenansicht des Gemeindehauses, die Kamera „geht" in den Eingang). Damit es von Szene zu Szene keine Bildsprünge gibt, sollte nach jeder Totalen eine Nahaufnahme folgen (z. B.: das komplette Kirchengebäude von außen (Totale), dann nur der Eingang oder ein Schild (nah), danach der Innenraum (Totale), dann den Altar (nah) usw.). Abschließend unterlegen die SuS die Aufnahmen mit geeigneter Musik (z. B.: Entspannungsmusik, Orgelspiel).	GA/Plenum
Reflexion	Die SuS sehen sich ihren Film bzw. ihre Filme mittels eines Beamers an und diskutieren das Ergebnis ihrer Arbeit unter bestimmten Kriterien, wie z. B.: Ist das Bedeutsame der Thematik im Video dargestellt worden? Ist das Medium Video geeignet? Welche Wirkung hat der Film? Fordert er zum Zuschauen auf? Sind die Einstellungen logisch und nachvollziehbar? Kann sich der Zuschauer orientieren? Gibt es störende oder zu lange Einstellungen? Wechseln sich Totalen und Naheinstellungen sinnvoll ab?	Plenum
Präsentation	Abschließend entscheiden sie, ob sie den Film auch einem größeren Publikum zeigen wollen (z. B.: am Tag der offenen Tür anderen Klassen, Eltern, Lehrern und weiteren geladenen Gästen).	Plenum

Tipp:

Die SuS drücken beim Smartphone das Filmkamera-Symbol. Wenn der rote Auslöserpunkt blinkt, zeichnet die Kamera Bild und Ton auf. Dazu sollte das Smartphone *immer* quer gehalten werden: Nur dann wird das Bildschirmformat komplett genutzt.

Manchmal sind auf dem Bildschirm auch noch weitere Informationen zu sehen, wie z. B. ein Sekundenzähler. Dieser zeigt die Szenenlänge an, die gerade aufgenommen wird. Mitunter gibt es auch eine Anzeige für den Tonpegel. Diese Angaben im Bild dienen nur der Information für den Kameramann. Im Originalfilm sind sie nicht zu sehen.

Die Filmaufnahmen können im Medienraum zur weiteren Verwendung aufbewahrt werden: als Vorbereitung für die Kirchenraumerkundung einer anderen Klasse.

Ist ein Video besonders gut gelungen, kann es der Kirchengemeinde zur Nutzung auf der eigenen Homepage angeboten werden.

Unterrichtsidee 1.3: Bilder am interaktiven Whiteboard erschließen (Klasse 5–10)

(von Bianca Brettträger)

> **In Kürze**
> Interaktive Whiteboards bieten besonders bei der Erschließung von Bildern einen Mehrwert, da die herstellerspezifische Software sinnvolle Werkzeuge zum Abdecken, Vergrößern von Bildausschnitten, Ausschneiden von Elementen und Beschriften bereithält. Damit wird es den SuS ermöglicht, sich ein Bild Schritt für Schritt zu erarbeiten und mit dem Inhalt in Beziehung zu setzen – ohne erheblichen Vorbereitungsaufwand.

Ziele/Kompetenzen	Die SuS ... • erschließen visuell vermittelte ethische, religiöse, biblische, christliche Inhalte, menschliche Grunderfahrungen oder symbolische Darstellungen. • erschließen systematisch ein Bild und erweitern so ihre ästhetische Wahrnehmung und ihre Medienkompetenz. • deuten Elemente und Wirkungsweisen von Bildsprache und Gestaltungsmitteln. • erfahren individuelle Wirkung und Deutungsmöglichkeiten eines Bildes. • setzen sich selbst mit einem Bild in Beziehung. • wenden interaktive Präsentationstechniken an.
Digitale Medien	• IWB – Interaktives Whiteboard • Whiteboard-Software (z. B. SMART-Notebook (SMART Board) oder ActivInspire (ActivBoard)) • ggf. Internetzugang • ggf. Speicherstick • ggf. Drucker
Vorbereitung	• Bilder für die Interpretation recherchieren. Diese sollten Geschichten erzählen, Impulse bieten oder als Symbol für etwas stehen. Wenn das ausgewählte Bild auf einem Speicherstick in guter Auflösung zur Verfügung gestellt werden kann, ist kein Internetanschluss notwendig. • Ggf. atmosphärische Musik (legal erworbene Audiodateien). • Sich mit dem IWB und der herstellerspezifischen Software vertraut machen (v. a. mit folgenden Funktionen: Bilder einfügen, Schreiben, Löschen, Bildschirmvorhang, Spotlight, Lupe und Freihandkamera. Eine Schritt-für-Schritt-Anleitung für Software findet sich z. B. auf der Internetseite des Pädagogisch-Theologischen Instituts der Nordkirche – Lernort Schule/Medienpädagogik/Links).
Sozialform	Gruppenarbeit, Einzelarbeit
Zeitbedarf	1 bis 2 x 45 Min.
Achtung!	Der häufige Einsatz des IWB verschafft Sicherheit im Umgang mit der Software und nimmt den SuS die ablenkende Neugier an der Technik. Da das IWB zum Frontalunterricht verführt, sollte darauf geachtet werden, es nur gezielt und im Wechsel mit vielfältigen schülerzentrierten Lernformen zu nutzen.

Phase	Unterrichtsverlauf	Sozialform
Erarbeitung	Die SuS erkunden gemeinsam ein Bild. Die Erschließung erfolgt in mehreren Schritten: • erste Wahrnehmung • Analyse der Bildsprache • subjektive Wirkung • individuelle Interpretation • sich selbst mit dem Bild in Beziehung setzen *Tipp:* Das Bild kann zuvor von der L verdeckt und während der gemeinsamen Erschließung im Plenum langsam aufgedeckt werden. Hierzu kann z. B. ein Bildschirmvorhang eingesetzt werden, der horizontal oder vertikal aufgeschoben wird. Bildbetrachtung: Es können einzelne Formen eingefügt werden, die Bilddetails verbergen. Die Software ActivInspire bietet z. B. eine Zaubertinte, mit der zuvor übermalte Bereiche wieder sichtbar gemacht werden können. Ebenso kann das Bild von den SuS mit einem beweglichen Spotlight, das einen runden Bildausschnitt fokussiert und die Umgebung abdunkelt, entdeckt werden. Das Spotlight befindet sich unter den Werkzeugen der jeweiligen Software (um beim SMART Board das Spotlight zu erzeugen, muss z. B. mit dem Zauberstift ein geschlossener Kreis auf das Bild gezeichnet werden). Bildwahrnehmung: Um ein Bild mit mehreren Sinnen erlebbar zu machen, kann es durch Verknüpfung mit einer Audiodatei mit atmosphärischer Musik untermalt werden. Ein Wechsel von unterschiedlichen musikalischen Stimmungen verdeutlicht die Wirkung von Musik auf unsere Wahrnehmung von Bildern. Bildsprache: Zur Analyse der Bildsprache können die SuS dominante Linien, Bildaufbau, Gestaltungselemente oder Blickrichtungen durch Einzeichnen verdeutlichen. Interpretation: Überschriften, Beschriftungen, Fragen oder Schlagworte können von der L oder den SuS direkt mit den Stiften des Boards auf das Bild geschrieben werden. Mit dem Endloskloner vorbereitete Symbole, Pfeile oder Begriffe können beliebig oft in das Bild gezogen werden. Sich mit dem Bild in Beziehung setzen: Mit der Freihandkamera können einzelne Elemente, Szenen oder Figuren aus dem Bild heraus auf eine neue Seite geklont werden. Die SuS können so z. B. den Figuren auf dem Bild Worte in den Mund legen bzw. eigene Gedanken aufschreiben. Das szenische Nachspielen oder Erarbeiten eines Standbildes ermöglicht sowohl eine kinästhetische Erschließung des Bildes als auch eine Identifikation mit dem Bildinhalt.	Plenum

Präsentation	Einzelne Aufgaben lassen sich in Einzel- oder Gruppenarbeit vorbereiten und werden anschließend am Board im Plenum präsentiert.	EA
	Zur Vorbereitung lassen sich Arbeitsblätter aus den einzelnen Präsentationsseiten der Software generieren, indem sie als PDF-Datei exportiert werden. So können sie über jeden Computer unabhängig von der Board-Software ausgedruckt werden.	GA
	Je nach Aufgabenstellung können die SuS das Board für eine interaktive Präsentation ihrer Ergebnisse nutzen. Mit angeschlossener Dokumentenkamera lassen sich selbst analoge Ergebnisse in eine Präsentation einbinden.	Plenum
	Eine Verknüpfung mit dem Internet ermöglicht das schnelle Einfügen von Rechercheergebnissen oder Bildern in die Präsentation.	
	Tipp: Die SuS können Ergebnisse der Arbeitsblätter z. B. als Hausaufgabe notieren und diese als Präsentationshilfe nutzen.	

Unterrichtsidee 1.4: Ein stummes Schreibgespräch zur Ausgangsfrage „Was brennt dir auf der Seele? Wonach hast du Sehnsucht?" führen
(Klasse 7/8)

(von Stefanie Pfister)

> **In Kürze**
> Die SuS führen mithilfe eines Instant-Messaging-Dienstes (z. B. Whatsapp, Telegram) in einer digitalen Kleingruppe ein stummes Schreibgespräch zum Thema „Sehnsucht" durch und tauschen z. B. Textnachrichten und Bilder aus. Stumme Schreibgespräche fördern auch ohne Digitalisierung eine schriftliche Kommunikation. Die SuS haben dabei die Chance, ihre individuell bestimmten Zugänge zu formulieren und Einstellungen zu klären, bevor sie den direkten Kontakt zu anderen aufnehmen.

Ziele/Kompetenzen	Die SuS … • beschreiben individuelle Fragen, Sehnsüchte und Erfahrungen als Ausgangspunkt von Lebensfragen und religiösen Themen (Wahrnehmungskompetenz). • können ihre individuellen Erfahrungen, Gedanken, Texte, Ideen, Gefühle in kurzen Sätzen, Phrasen oder Fragen oder bei sensiblen Themen und Gefühlen auch unter Zuhilfenahme von Emoticons oder Emojis fokussiert formulieren (Wahrnehmungs- und Deutungskompetenz). • können eigene religiöse bzw. nicht religiöse Überzeugungen und Standpunkte adressatengerecht beschreiben oder darstellen (Dialogkompetenz). • achten die religiösen und nicht religiösen Überzeugungen anderer, setzen sich mit deren Argumenten, Fragen und Standpunkten auseinander und können eine eigene reflektierte Haltung dazu entwickeln (Gestaltungs- und Urteilskompetenz). • vertiefen oder erlernen die Methode „Stummes Schreibgespräch" und verbinden es mit digitalen Medien (Methoden- und Medienkompetenz).
Digitale Medien	• Smartphone (es können sich auch zwei Schüler ein Handy teilen) • Instant-Messaging-Dienst (z. B. Whatsapp, Telegram, Viber oder Kik Messenger (iOS, Android, Windows))
Vorbereitung	Die SuS sollen rechtzeitig informiert werden, ihr internetfähiges Smartphone mitzubringen und am besten vorab eine passende Nachrichten-App zu installieren.
Sozialform	Einzel-, Partner- und Gruppenarbeit
Zeitbedarf	4 x 45 Min.
Achtung!	Die Zustimmung der Eltern zum Herunterladen eines Messaging-Dienstes sollte – aufgrund der rechtlichen Bedenken (Verbindung mit Facebook, ggf. unerwünschte Weitergabe von Daten usw.) – zuvor durch einen Elterninformationsbrief eingeholt werden. Das Schreiben in der Kleingruppe ohne direkte Einsicht der L kann dazu verleiten, dass sich SuS beleidigen, sich nicht ernsthaft mit der Thematik auseinandersetzen oder sich mit anderen Dingen im Internet beschäftigen. Ein Schreiben der L im Kurs-Chat, der direkte Einblick in den Kleingruppen-Chat oder in die Printversion können dies zwar kurzzeitig unterbinden, aber die SuS können auch rasch Neben-Gruppen gründen und auf dieser Ebene private Gruppengespräche führen. Daher ist die Besprechung der Regeln und der Etikette sehr wichtig für einen erfolgreichen Ablauf. Es sollte auf Transparenz bei der Notengebung geachtet werden. Die SuS sollten zu Beginn darüber informiert werden, was in die Bewertung einfließt (z. B. Beteiligung aller SuS, Qualität und Zielgerichtetheit der Beiträge, Einhaltung der Regeln).

Phase	Unterrichtsverlauf	Sozialform
Einstieg	Zuerst schreibt die L als stummen Impuls die Frage „What's up?" an die Tafel. Dazu kann sich ein erstes Unterrichtsgespräch anbahnen, z. B. wie es den SuS geht, was ihnen auf der Seele brennt oder wonach sie Sehnsucht haben. Dann erläutert die L die Methode des „Stummen Schreibgesprächs" mithilfe des Instant-Messaging-Dienstes (z. B. Whatsapp): • Einrichten der Kursgruppe durch die L und der Kleingruppen durch die Gruppenadministratoren: Nach dem Austausch der Handynummern kann die L als Gruppenadministrator die Klassengruppe einrichten. Anschließend kann der Gruppensprecher der jeweiligen Kleingruppe als Administrator seiner Kleingruppe die Namen und Nummern verwalten. • Einhalten des Themas/der Ausgangsfrage • Einhalten der Netikette und der Regeln (keine Sprachnachrichten, Videos, Surfen im Internet usw.) • Jedes Gruppenmitglied soll sich äußern, auf die Äußerungen soll eingegangen werden. • Allen SuS soll bewusst sein, dass die L den Chat in der Kleingruppe jederzeit einsehen oder ausdrucken kann. • Zielorientiertes Schreibgespräch: Ab einem bestimmten Zeitpunkt sollen die Mitglieder ihre Ergebnisse in der Kursgruppe mitteilen.	Plenum
Erarbeitung	Die SuS tauschen ihre Gedanken in der Kleingruppe aus, eine verbale Unterhaltung darf dabei nicht stattfinden. Zwischendurch gibt die L Impulse (z. B.: „Denkt an den Begriff ‚Sehnsucht'!", „Was sagt ihr zu den Gedanken der anderen?").	PA/GA
Sicherung der Ergebnisse/ Reflexion 1	Im Anschluss an das stumme Gespräch findet ein Austausch der Zwischenergebnisse im Kurs-Chat statt, auf den eine mündliche Reflexion über die Methode, den Schreibprozess, Chancen und Grenzen sowie Tipps zur Verbesserung folgen sollten.	Plenum
Überarbeitung	Zu Beginn sollten die Ergebnisse und Kriterien zur Verbesserung des gruppendynamischen Schreibprozesses thematisiert werden. Danach erfolgt eine thematische Zuspitzung – entweder z.B. im Hinblick auf „Sehnsucht nach Anerkennung, Schönheit um jeden Preis" (Klassen 7/8) oder im Hinblick auf „Sehnsucht als Sucht" (ab Klasse 9).	Plenum
Vertiefende Weiterarbeit	Die Arbeit in den Kleingruppen kann nun mit Verweis auf die spätere Präsentation des Ergebnisses thematisch fokussierter erfolgen.	PA/GA
Präsentation	Die SuS stellen ihr Kleingruppenergebnis z. B. in Form einer Thesensammlung, eines Frageblocks, eines Standbildfotos oder einer kurzen Videosequenz im Kurs-Chat ein.	Plenum
Reflexion 2	Abschließend reflektieren die SuS ihre individuellen Lernprozesse mit Blick auf die Methode sowie die Einhaltung von Regeln und Netikette.	Plenum

Tipp:
Die Klassengruppe und die jeweiligen Kleingruppen können sich zu Beginn der Unterrichtsreihe einen Namen ausdenken und ein Foto mit allen Gruppenmitgliedern aufnehmen, das sie als Profilbild einstellen.

Unterrichtsidee 1.5: „Flipped Classroom" – als Lehrkraft ein Erklärvideo produzieren (Klasse 5–10)

(von Niklas Günther und Sönke Zankel)

In Kürze
Häufig werden bedeutsame Inhalte im Unterricht durch die L in einem vorbereiteten Vortrag erläutert und erklärt. Die SuS nehmen diese Informationen auf und wenden das gewonnene Wissen im Anschluss oder in einer Hausaufgabe an. Bei diesem Vorgehen werden jedoch geradezu banale Erkenntnisse außer Acht gelassen: SuS sind in der Unterrichtssituation unterschiedlich aufmerksam und benötigen zugleich unterschiedlich viel Zeit, um bestimmte Inhalte zu verarbeiten und zu verstehen. Bei der Bearbeitung von weiterführenden Fragestellungen – z. B. als Hausaufgabe – steht ihnen dann keine L mehr unterstützend zur Seite.
Hier setzt die Idee des „Flipped Classroom" bzw. des „Inverted Classroom" an, die das zuvor beschriebene Verfahren umkehrt: Die L produziert für die Klasse ein eigenes Erklärvideo und stellt es den Lernenden (z. B. über die Homepage der Schule, einen eigenen Kanal bei einem Videoportal oder vorhandene Lern- und Kommunikationsplattformen) zur Verfügung. Als vorbereitende Hausaufgabe sehen die SuS das Video so häufig an, bis sie den Inhalt selbst erklären können. In der Unterrichtsstunde wird der Inhalt dann angewendet, ein Verfahren geübt und Wissen vertieft. Dabei steht die L als Ansprechpartnerin zur Verfügung.

Ziele/Kompetenzen	Die SuS ... • eignen sich Informationen zu einem Sachverhalt bzw. bestimmte inhaltliche Aspekte durch ein Erklärvideo selbstständig an. • vertiefen die Aspekte im Unterricht bzw. wenden das Erlernte an.
Digitale Medien	• Smartphone • ggf. Videokamera, externe Mikrofone oder Aufnahmegerät
Material	• gut ausgeleuchtete Tischfläche • einige vorbereitete Überschriften, Schlagwörter, Zeichnungen oder symbolische Darstellungen auf Papier • faltbarer Notenständer Alternativ zur Tischfläche und den vorbereiteten Schlagwörtern können auch Whiteboards oder eine Plexiglasscheibe aus dem Baumarkt verwendet werden, die auf einem Tisch positioniert werden. Die grafische Umsetzung und Unterstützung des gesprochenen Wortes erfolgt dann – analog zum Tafelanschrieb im Unterricht – mit einem Whiteboard-Marker.
Vorbereitung	Als stilistische Mittel im Film können vorbereitet werden: • Karten mit wichtigen Stichwörtern • Pfeile • symbolische Darstellungen
Zeitbedarf	1 bis 2 x 45 Min.
Achtung!	Damit der Aufwand bei der Produktion des Videos überschaubar bleibt, ist eine möglichst einfache Umsetzung erforderlich. Dazu sollte das Erklärvideo nicht länger als 5 Minuten dauern und ohne Unterbrechung, d.h. ohne Schnitt aufgenommen werden, sodass keine Nachbearbeitung nötig ist.

Phase	Verlauf
Erarbeitung	Das Smartphone wird im Querformat so auf einem Notenständer platziert (bzw. die Kamera auf einem Stativ), dass eine Tischfläche von schräg oben herab aufgenommen wird. Die L wird dabei so über die Schulter hinweg gefilmt, dass nicht sie selbst, sondern ausschließlich ihre Hände sichtbar sind, was anderweitige, negativ bearbeitete Veröffentlichungen im Internet oder damit verbundene Persönlichkeitsverletzungen ausschließt. Dann wird der Sachverhalt erläutert. Bestimmte zuvor erarbeitete Karten mit den wichtigsten Begriffen, Pfeilen zur Verdeutlichung von Zusammenhängen oder symbolischen Darstellungen werden zur Unterstützung der mündlichen Ausführungen in das Bild hinein- und wieder hinausgeschoben. Das erfordert am Anfang etwas Übung, ist aber bei entsprechender Vorsortierung der Karten einfacher. Alternativ bieten sich ein Whiteboard oder eine Plexiglasscheibe an, die beschriftet werden. Eventuelle Versprecher werden direkt im Video korrigiert. Über das Smartphone kann das Video direkt online hochgeladen (z. B. Homepage der Schule, eigener Online-Kanal, Videoportal) bzw. an die SuS versendet werden.

Tipp:
Günstige Ansteck-Mikrofone für Smartphones verbessern den Ton erheblich und eine Markierung der Ränder des Filmausschnittes durch durchsichtige Klebestreifen auf der Tischfläche sorgt dafür, dass alle verwendeten Begriffs- bzw. Stichwortkarten auch tatsächlich gut im Video zu sehen sind.
Wichtig ist, sich gerade bei den ersten eigenen Produktionen von einem möglichen Drang nach Perfektion zu lösen und die eigenen Ergebnisse nicht mit professionell produzierten Videos zu vergleichen, die mit Schnitt, Nachbearbeitung oder speziellen Computerprogrammen erstellt worden sind. Die Stärke der eigenen Produktion ist gerade die in Sprache und Anforderung genaue Passform hinsichtlich des unterrichtlichen Geschehens vor Ort in einer Klasse bzw. Klassenstufe. Genau das können die in den Videoportalen eingestellten Videos in der Regel nicht leisten.
Inhaltlich bietet es sich an, durch eine gewisse Rahmenhandlung, durch das Einfügen von konkreten Fragestellungen einer fiktiven Person, durch direkte Ansprache der SuS eine emotionale Verankerung bei den Lernenden zu erzeugen. Auch in das Video integrierte Fragen können leicht eine reine Konsumhaltung aufseiten der SuS vermeiden.

Hinweis:
Es besteht die Möglichkeit zur Zusammenarbeit in der Fachschaft Religion bzw. Ethik: Videos für grundlegende Konzepte oder Zusammenhänge können auch gemeinsam produziert werden, um so später auf einen schulinternen Pool von Videos zurückgreifen zu können.

Unterrichtsidee 1.6: Schülerinnen und Schüler drehen ein Erklärvideo
(Klasse 5–10)

(von Niklas Günther und Sönke Zankel)

In Kürze
Die Popularität von Videoclips im Internet ist ungebrochen. Darunter fallen auch Erklärvideos, in denen auf kurzweilige Art und Weise Sachverhalte und Funktionsweisen erläutert werden. Jenseits der Nutzung dieser Videos im Religions- und Ethikunterricht, besteht die Möglichkeit für SuS, ohne größere technische Voraussetzungen selbst Erklärvideos zu produzieren und dem Kurs bzw. der Klasse oder gar der Schulgemeinschaft später zu präsentieren.

Ziele/Kompetenzen	Die SuS ... • erweitern ihre Sachkompetenz insbesondere dadurch, dass sie komplexe Sachverhalte angemessen didaktisch reduzieren und für andere SuS eine Möglichkeit zur Erläuterung des Sachverhalts entwickeln. • erweitern durch die eigenständige Produktion ihre Medienkompetenz. • erweitern und vertiefen in einem Gruppenprojekt ihre Fähigkeiten der Selbstorganisation. • trainieren ihre Teamfähigkeit.
Digitale Medien	• Smartphone • ggf. Videokamera, externe Mikrofone oder Aufnahmegerät
Material	• gut ausgeleuchtete Tischfläche • Moderationskarten oder buntes Papier • Scheren und Stifte zur Vorbereitung von Grafiken, Begriffen und Überschriften • einige vorbereitete Begriffe oder Überschriften • faltbarer Notenständer Alternativ zur Tischfläche und den vorbereiteten Schlagwörtern können auch Whiteboards oder eine Plexiglasscheibe aus dem Baumarkt verwendet werden, die auf einem Tisch positioniert werden. Die grafische Umsetzung und Unterstützung des gesprochenen Wortes erfolgt dann – analog zum Tafelanschrieb im Unterricht – mit einem Whiteboard-Marker.
Vorbereitung	Erklärvideo zu Demonstrationszwecken für die SuS auswählen
Sozialform	Gruppenarbeit
Zeitbedarf	mind. 2 x 45 Min.
Achtung!	Die Qualität der Kameras von Smartphones ist mittlerweile sehr hoch. Schwierigkeiten bereitet eher der Ton. Hier verbessern günstige Ansteck-Mikrofone die Qualität erheblich. Eine Markierung der Ränder des Filmausschnittes mit durchsichtigen Klebestreifen auf der Tischfläche sorgt dafür, dass alle verwendeten Begriffs- bzw. Stichwortkarten auch tatsächlich gut im Video zu sehen sind. Eine Gefahr besteht darin, dass SuS sich in Fragen der ästhetischen Gestaltung des Videos verlieren und so der ohnehin größere Zeitbedarf weiter ansteigt. Die L sollte also stets den Arbeitsfortschritt der einzelnen Gruppen im Auge behalten. Es ist hilfreich, wenn das Aufnahmesetting in einem zweiten Raum aufgebaut werden kann, um parallel ungestört Aufnahmen zu ermöglichen und eventuelle Wartezeiten zu vermeiden.

Phase	Unterrichtsverlauf	Sozialform
Einstieg	Zur Vorbereitung ist es sinnvoll, den SuS zunächst ein bereits existierendes Erklärvideo (auffindbar in den einschlägigen Videoportalen) zu präsentieren. Anschließend sollte der Inhalt des geplanten eigenen Videos im Mittelpunkt stehen. Dazu entwickelt jede Gruppe eine Fragestellung, erhält Materialien bzw. recherchiert eigenständig. Themen des Videos können z. B. sein: • Vorstellungen vom Leben nach dem Tod in unterschiedlichen Religionen • Prozess der Schriftwerdung biblischer Erzählungen • Formen der Sterbehilfe Die einzelnen Gruppen sollten ihren Arbeitsprozess strukturieren und schriftlich festhalten: Wer erledigt was bis wann?	Plenum GA
Erarbeitung	Die SuS bringen sich je nach ihren Fähigkeiten ein: Zusätzlich zur inhaltlichen Arbeit müssen die Lernenden sich mit der Technik vertraut machen und Karten mit den wichtigsten Begriffen, mit Pfeilen zur Verdeutlichung von Zusammenhängen oder mit symbolischen Darstellungen erstellen und ausschneiden sowie Sprechtexte entwickeln. Ausgehend von einer arbeitsteiligen Gruppenarbeit ist das Ziel, dass jede Gruppe in einem Erklärvideo in wenigen Minuten den mehr oder weniger komplexen Sachverhalt erläutert. Dabei sind in dem zu erstellenden Videoclip keine SuS zu sehen. Bedenken bzgl. eines möglichen Missbrauchs der Aufnahmen nach einer eventuellen Veröffentlichung innerhalb der Klasse oder der Schule können so von vornherein ausgeräumt werden. Die L sollte den SuS Bewertungskriterien vorlegen, die, neben den eher formalen Aspekten (eine Leitfrage, ein Alltagsbezug und eine angemessene Anbindung an die Welt der SuS, eine Rahmenhandlung oder Geschichte sind im Video vorhanden, eine einfache und klare Sprache und gut verständliche Symbole, Grafiken oder Schlagwörter werden verwendet) den Schwerpunkt auf den Inhalt legen. Diese können gut anhand einer Checkliste vor der Aufnahme überprüft werden. Erst nach der Erledigung der entsprechenden Punkte sollten die SuS mit der Aufnahme beginnen. Für das Aufnahmesetting wird ein Smartphone im Querformat so auf einem Notenständer platziert (bzw. die Kamera auf einem Stativ), dass eine Tischfläche von schräg oben herab aufgenommen wird. Die SuS einer Gruppe sitzen, nicht im Video sichtbar, rechts und links neben dem Tisch und schieben die zuvor erarbeiteten Karten mit den wichtigsten Begriffen, Pfeilen zur Verdeutlichung von Zusammenhängen oder symbolischen Darstellungen in das Bild hinein und wieder hinaus. Eine weitere Schülerin bzw. ein Schüler erläutert den Sachverhalt. Auch wenn selbstverständlich die Möglichkeit der Nachbearbeitung besteht, sollte die L darauf verzichten, um den ohnehin nicht geringen Zeitaufwand zu begrenzen. Die Aufnahme erfolgt dementsprechend ohne Unterbrechung und ohne Schnitt. Den einzelnen Gruppen sollten idealerweise 2 bis 3 Aufnahmeversuche eingeräumt werden.	GA
Präsentation	Die Präsentation aller Videos im Anschluss an die Erarbeitungsphase stellt zunächst eine Herausforderung dar. Einerseits freuen sich die SuS auf die Präsentation der eigenen und der anderen Videos. Anderseits verlieren sie bei aller Neugier und Freude mitunter die Konzentration auf die Inhalte. Dem sollte die L durch Hör- und Arbeitsaufträge entgegenwirken. Gegebenenfalls können auch die jeweiligen Gruppen Fragestellungen zum eigenen Video entwickeln und in die Aufnahme integrieren.	Plenum

2 Freundschaft

Unterrichtsidee 2.1: Eigene Texte zum Thema „Freundschaft" als E-Book veröffentlichen (Klasse 5–10)

(von Edelgard Moers)

In Kürze Die SuS beschäftigen sich zunächst intensiv mit dem Thema „Freundschaft" und bekommen die Chance, Gedanken, Gefühle und Erlebnisse mitzuteilen und darüber zu sprechen. Danach beginnt der Schreibprozess. Die Veröffentlichungsform als E-Book eröffnet den SuS die Möglichkeit, ihre Texte einer größeren Leserschaft vorzustellen und zugänglich zu machen. Außerdem können im Print-on-Demand-Verfahren sogar Kleinstauflagen gedruckt werden.	

Ziele/Kompetenzen	Die SuS ... • schreiben eigene Texte (Prosa oder Lyrik) und nutzen dabei ihre Wörtersammlungen. • erweitern ihre Schreibkompetenz und verwenden Schreibstrategien. • reflektieren ihre Lernprozesse.
Digitale Medien	• PC mit Internetzugang • Self-Publishing-Plattform (z. B. neobooks, epubli)
Material	Wörterbuch
Sozialform	Einzelarbeit, Gruppenarbeit
Zeitbedarf	5 x 45 Min.
Achtung!	Während des E-Book-Uploads werden die SuS häufig durch ein mehrstufiges Formular geführt, in dem sie alle notwendigen Informationen eintragen und einstellen müssen. Daher sollten sie sich zuvor bereits Gedanken über die folgenden Inhalte machen: Titel, Untertitel, Genre, Preis, Klappentext, Verkaufsdaten und Autoreninformationen.

Phase	Unterrichtsverlauf	Sozialform
Einstieg	Die L schafft im Klassenraum eine ruhige Schreibatmosphäre. Die SuS bereiten ihr Schreiben zum Thema „Freundschaft" vor, indem sie ihr Material wie Stift, Papier und Wörterbuch bereitlegen und sich bewusst machen, worüber sie schreiben wollen. Sie lassen sich durch persönliche Eindrücke und Erlebnisse inspirieren, sammeln Wörter oder Satzteile allein oder in der Gruppe und halten diese in einer Gedankensonne, Ideensonne, einem Ideenbaum, einem Cluster, einer Mindmap, einem Wörternetz oder einer Tabelle fest.	EA/GA
Erarbeitung	Die SuS verschaffen sich Klarheit über Motiv und Inhalt und ordnen ihre Gedankengänge. Sie entscheiden sich für Lyrik oder Prosa und schreiben ihren Text still und allein in der richtigen Handlungsabfolge auf. Dazu benutzen sie ihre Aufzeichnungen. Abschließend formulieren sie die Überschrift und schreiben ihren Namen unter den Text.	EA

Präsentation	Die SuS, die mit ihrem Text fertig sind, setzen sich in einer Gruppe zusammen und lesen sich nacheinander gegenseitig ihre Texte vor. Die zuhörenden SuS geben eine Rückmeldung darüber, ob sie den Inhalt verstanden haben, ob der Text nachvollziehbar und interessant für den Zuhörer ist. Falls noch Fragen zum Inhalt offen sind oder die Reihenfolge der Sätze nicht logisch erscheint, geben sie entsprechende Tipps und Hinweise.	GA
Überarbeitung	Die SuS überarbeiten ihre Texte bezüglich inhaltlicher Richtigkeit, Stimmigkeit, Rechtschreibung und Satzbau. Sie ergänzen, verändern, kürzen, korrigieren und verbessern, bis sie zufrieden sind. Dabei sollen sie sich gegenseitig fair und kompetent beraten. Dann stellen sie ihre Texte noch einmal in kleinen Gruppen vor.	EA GA
Gestaltung	Die SuS bereiten gemeinsam die Veröffentlichung vor, indem sie arbeitsteilig alle Beiträge zu einer Anthologie zusammenstellen, ein Inhaltsverzeichnis anfertigen, ein Titelbild entwerfen, einen Klappentext verfassen und einen Werbetext schreiben. Dann rufen sie die Homepage eines Self-Publishers auf (z. B. neobooks, epubli) und laden ihre Datei nach den dortigen Anweisungen hoch.	GA
Reflexion	Die SuS reflektieren strukturiert ihre Schreibprozesse. Sie sprechen in der Gruppe darüber, ... • wie sie an ihr Ziel gekommen sind. • was sie gelernt haben. • woran sie in Zukunft weiterarbeiten werden. • wie sie andere beraten haben oder selbst beraten worden sind. • welche Überarbeitungstipps sie angenommen haben. • was ihnen Freude bereitet hat und was nicht. Sie evaluieren den gesamten Prozess von den ersten Schreibideen bis zu ihrem fertigen Produkt und bringen ihre Verbesserungsvorschläge ein.	Plenum

Tipp:
Die SuS können ihr E-Book bewerben, indem sie ...
• auf einer Lesung Ausschnitte ihrer Texte vorlesen und auf die Homepage ihres E-Books verweisen, wo jeder die Texte selbst herunterladen kann.
• in der Schule Aushänge machen.
• die örtliche Tageszeitung über ihr Projekt informieren.

Unterrichtsidee 2.2: Einen Videoclip zum Thema „Freundschaft" drehen
(ab Klasse 10)
(von Martin Buntrock)

> **In Kürze**
> Die SuS komponieren gemeinsam eine Musik und gestalten dazu eine Choreografie und Bildfolge. Dazu arbeiten sie mit Instrumenten und verschiedenen Programmen für die Bild- und Tonbearbeitung sowie mit speziellen Musikprogrammen. Abschließend stellen sie das Gesamtwerk online und präsentieren es einem Publikum.
> Durch die Verbindung von kreativen Elementen (Text schreiben, Musik „komponieren" und spielen, Tanz einstudieren, Spiel vor der Kamera) sowie der technischen Arbeit mit Kamera und Computersoftware besteht für alle SuS die Möglichkeit, sich in einer Kleingruppe mit ihren Begabungen und Vorlieben einzubringen und damit wesentlich zum Gesamtergebnis der Großgruppe beizutragen.

Ziele/Kompetenzen	Die SuS ... • planen gemeinsam ein Vorhaben, in dem ethisch und religiös relevante Inhalte zum Ausdruck gebracht werden. • schreiben einen Songtext, komponieren Musik und Gesang (Rap, Hip-Hop ...). • nutzen das Smartphone oder eine Videokamera für gezielte Aufnahmen. • üben den Umgang mit Musik- und Videosoftware. • reflektieren das Gelernte mit Blick auf Umsetzung, Darstellung und Wirkung.
Digitale Medien	• Smartphone • Tablet, PC • Video-Schnittprogramm (z. B. Magix Video deluxe (Windows) oder iMovie (iOS)) • Musikprogramm (z. B. Magix Music Maker oder Amadeus (Windows), GarageBand (iOS))
Material	• Musikinstrumente • Mikrofon • Plakate
Sozialform	Gruppenarbeit
Zeitbedarf	6 bis 8 x 45 Min.
Achtung!	Bei der Verwendung von Samples in den Musikprogrammen muss vorab geklärt werden, ob diese für die spätere Online-Präsentation genutzt werden dürfen. Wird mit virtuellen Synthesizern (VST-Plugins) gearbeitet, ist ein Interface für den PC sinnvoll.

Phase	Unterrichtsverlauf	Sozialform
Einstieg	Die SuS beschäftigen sich im Rahmen des Themas „Liebe, Freundschaft, Ehe" mit Achtsamkeit gegenüber anderen sowie mit der Bedeutung von Freundschaft und der Pflege von Beziehungen. Sie arbeiten bedeutende Erkenntnisse in Gruppen heraus und halten sie auf Lernplakaten fest. Danach schreiben sie Entwürfe für einen Songtext, der aus Strophen und Refrain besteht, wobei sie auch das Versmaß und die Reime beachten sollen.	GA

Erarbeitung	Die SuS benötigen für die Vertonung Instrumente und ein Mikrofon; für die weitere Bild- und Tonbearbeitung einen Computer mit einem Schnittprogramm. Gegebenenfalls können sie die Aufnahmen auch mit einem Smartphone oder Tablet anfertigen. Für eigene Kompositionen können sie zusätzlich verschiedene Musikprogramme wie z. B. Magix Music Maker oder Amadeus auf ihren PC laden. Auch für Smartphones gibt es zahlreiche Apps. Die SuS komponieren gemeinsam eine Musik und gestalten eine Choreografie und eine Bildfolge. *Beispiel*: Die SuS sprechen oder singen den Text zu einem einfachen Schlagzeugrhythmus sowie einer vorgegebenen oder selbstgewählten Harmoniefolge, die sie auf Trommeln und einem Keyboard oder auf der Gitarre dazu spielen. Eine häufig verwendete Harmoniefolge ist C, G, Am, F. Wurden das Musikstück und die Choreografie ausreichend geprobt, nehmen die SuS alles mit ihrem Smartphone oder dem PC auf. Danach schneiden sie die aufgenommenen Szenen mithilfe eines Bearbeitungsprogramms passend zur Musik. Abschließend laden sie das gemeinsame Produkt z. B. auf Youtube hoch.	GA
Reflexion	Die SuS reflektieren das Gelernte und betrachten ihren Videoclip unter bestimmten Fragestellungen: • Wird die Aussage deutlich? • Ist der Text angemessen? • Ist die Musik passend? • Ist das Zusammenspiel von Text, Musik und Choreografie gelungen?	Plenum
Präsentation	Die SuS stellen den Videoclip einem Publikum, wie z. B. anderen Klassen, Eltern oder Lehrpersonen vor, um unmittelbare Reaktionen zu erhalten.	Plenum

Tipp:
Wenn die SuS nicht über musikpraktische Erfahrungen verfügen, können sie auch ein Playback mithilfe der passenden Musiksoftware selbst erstellen. Hierzu gibt es kostenlose Programme oder Testversionen, die eine bestimmte Zeit ohne oder nur mit geringen Einschränkungen genutzt werden können. Zum Umgang mit den Programmen finden sich zahlreiche Anleitungen und Erklärvideos im Internet.

Unterrichtsidee 2.3: Das Thema „Angst und Mut" als Video in Szene setzen
(Klasse 5–10)

(von Jürgen Moers)

In Kürze
Die SuS setzen sich mit den Gegensätzen Angst und Mut auseinander, deuten die Begriffe, stellen Körperhaltung und Gesichtsausdruck der unterschiedlichen Gefühle dar und halten sie in bewegten Bildern fest. Durch die Auseinandersetzung mit diesen Gefühlen erweitern sie ihre Empathiefähigkeit. Sie sind vor und hinter der Kamera aktiv und übernehmen Rollen als Darsteller und Aufgaben bei der Produktion.

Ziele/Kompetenzen	Die SuS ... • bringen religiös relevante Texte in eine andere Darstellungsform, planen ihr Vorhaben im Sinne des kooperativen Lernens. • nutzen das Smartphone für gezielte Filmaufnahmen und erweitern so ihre Medienkompetenz. • reflektieren das Gelernte mit Blick auf Umsetzung, Darstellung und Wirkung der Filmaufnahmen.
Digitale Medien	• PC • Smartphone/Filmkamera • Beamer • Filmprogramm • Video-Schnittprogramm
Sozialform	Einzelarbeit, Partner- und Gruppenarbeit
Zeitbedarf	4 bis 5 x 45 Min.
Achtung!	Das erste Video sollte höchstens 3 bis 5 Minuten dauern. Die SuS können vorher Kriterien für ihr Vorhaben festlegen, einen Fragenkatalog zusammenstellen und gemeinsam überlegen, wie sie Probleme vermeiden (z. B.: Was können wir tun, damit das Bild nicht verwackelt?). Länger als 30 Minuten sollte ein Film nie dauern.

Phase	Unterrichtsverlauf	Sozialform
Einstieg	Die SuS entwickeln gemeinsam eine Handlung zu einem Thema, wie z. B. Angst, Mut, Mobbing, Stalking, Freundschaft oder Sucht. Danach erstellen sie ein Drehbuch und setzen die Handlung in einem Film um. Sie verteilen die Rollen und einigen sich darauf, wer die Kamera hält, wer sich um die Requisiten kümmert und wer Regie führen soll. Dann proben sie den Ablauf.	GA
Erarbeitung	Die SuS nehmen die einzelnen Szenen mit dem Smartphone oder einer Filmkamera auf.	GA
Präsentation	Die SuS schauen den fertigen Film über den Beamer an. Anschließend entscheiden sie, ob sie das Video auch einem größeren Publikum zeigen wollen (z. B. anderen Klassen, am Tag der offenen Tür Eltern, Lehrern und weiteren geladenen Gästen).	Plenum

| Reflexion | Die SuS reflektieren das Gelernte. Sie betrachten ihr Video unter bestimmten Kriterien:
• Ist das Bedeutsame der Thematik durch das Video dargestellt worden?
• Welche Wirkung hat der Film?
• Fordert er zum Zuschauen auf?
• Hat er einen Spannungsbogen?
• Sind die Einstellungen logisch und nachvollziehbar?
• Gibt es störende oder zu lange Einstellungen?
• Wechseln sich Totalen und Naheinstellungen sinnvoll ab? | GA/Plenum |

3 Tod und Trauer

Unterrichtsidee 3.1: Eine Online-Schülerzeitung zum Thema „Abschied, Tod und Trauer" erarbeiten (Klasse 5–10)

(von Edelgard Moers)

> **In Kürze**
> Die SuS schreiben im Rahmen des Themas „Abschied, Tod und Trauer" eigene Texte, erstellen Zeichnungen oder Fotos und entwickeln daraus eine Schülerzeitung, die sie auf der Homepage der Schule oder des Fördervereins hochladen. Dadurch vermeiden sie den Aufwand des Druckens und Zusammenlegens und vergrößern die Leserschaft für ihre Beiträge. Das Publikum wird nicht durch eine Auflagenhöhe begrenzt. Die SuS werden zur sorgfältigen Arbeit aufgefordert, weil der Inhalt online zugänglich ist.

Ziele/Kompetenzen	Die SuS ... • sprechen über unterschiedliche Ausdrucks- und Darstellungsformen. • bringen ihre Antworten auf entsprechende Fragen in Texten, Zeichnungen oder Fotos zum Ausdruck. • reflektieren das Gelernte mit Blick auf die Arbeit in der Redaktion und die Wirkung ihrer Zeitung auf die Leserinnen und Leser.
Digitale Medien	• PC, Scanner • Smartphone/Kamera • Beamer
Sozialform	Einzelarbeit, Partnerarbeit
Zeitbedarf	4 x 45 Min.
Achtung!	Es erfordert viel Organisationsgeschick, den Überblick über alle Aufgaben zu behalten. Das Redaktionsteam muss darauf achten, dass die einzelnen Beiträge fehlerfrei sind. In den unteren Klassen schaffen die SuS das noch nicht allein und sind auf die Hilfe der L angewiesen. Es dürfen nur eigene Fotos in der Schülerzeitung abgedruckt werden, da sonst die Rechte anderer verletzt werden.

Phase	Unterrichtsverlauf	Sozialform
Einstieg	Die SuS sammeln zunächst Fragen zum Thema „Abschied, Sterben, Tod und Trauer". Ihre Antworten darauf formulieren sie in eigenen Texten.	Plenum GA
Erarbeitung	Die Klasse versteht sich als Redaktionsteam. Gemeinsam legen die SuS einen Namen für die Zeitung fest, einigen sich auf eine Struktur und stellen die Beiträge zusammen. In der Redaktionskonferenz wird jeder Beitrag vorgestellt und diskutiert. Einige SuS lesen das Inhaltsverzeichnis vor und zeigen die einzelnen Seiten mithilfe eines Beamers. Die erarbeiteten Texte werden in eine Reihenfolge gebracht, von allen gelesen und korrigiert. Schließlich wird das Gesamtwerk in einer Datei zusammengestellt, in eine PDF-Datei umgewandelt und auf der Homepage der Schule online gestellt.	GA Plenum

Reflexion	Die SuS reflektieren ihre Lernprozesse. Sie äußern sich zu ihren Erfahrungen als Mitarbeiterin oder Mitarbeiter einer Redaktion. Sie betrachten auch ihr Produkt kritisch: Sind die Seiten leserfreundlich gestaltet? Abschließend gehen sie auch darauf ein, was sie gelernt haben, was ihnen gefallen hat und woran sie noch weiterarbeiten werden.	Plenum

💡 Tipp:

Tipps für die mögliche Seitengestaltung der Schülerzeitung:
- Titelbild (mit Bezug zum Thema und mit dem Namen der Schülerzeitung)
- Impressum: Das Redaktionsteam stellt sich vor (bei einer kleinen Gruppe auch mit Fotos)
- Inhaltsverzeichnis
- Editorial: Ansprache des Lesers (Vorstellung der Zeitung und Hinweise auf das Thema)
- Hinweis auf aktuelle Termine in der Schule (z. B. ein Fest im Jahreskreis)
- Bericht über ein Ereignis in der Schule
- Leserbriefe (erst ab der zweiten Ausgabe)
- Einführungsartikel zum Schwerpunktthema (z. B. zum Thema „Abschied, Sterben, Tod und Trauer")
- Bericht über eine Beerdigung in der Stadt oder im Schulbezirk (ggf. mit Fotos)
- Interview mit einem Bestatter oder einem Friedhofsgärtner (mit Foto – Rechte klären!)
- Rechercheergebnisse von Bestattungen in anderen Kulturen
- Zeichnungen von alten Grabsteinen (eventuell verschiedener Religionen)
- Eigene Gedichte zum Thema
- Trostworte für Trauernde (eventuell Bibelzitate, wie z. B. Psalmworte)
- Briefwechsel mit einer Person, die um einen Menschen trauert
- Buchtipp
- Rätsel
- Eigene Comics
- Humor
- Verweis auf die nächste Ausgabe (Angabe von Erscheinungsdatum und Schwerpunktthema, wenn die Zeitung regelmäßig erscheinen soll)

Selbst erstellte Comics oder andere Zeichnungen können zur Illustration der Beiträge eingescannt und integriert werden. Eigene Fotos können als JPG-Datei aufgenommen, abgespeichert und ebenfalls in die Texte eingesetzt werden.

Die Schülerzeitung kann von einer Lerngruppe erstellt werden. Sie kann aber auch jahrgangsübergreifend von einem Redaktionsteam aus mehreren Ethik- oder Religionsgruppen geleitet werden. Das Redaktionsteam soll seine Ideen einbringen und umsetzen. Möglich ist, dass „freie Mitarbeiter" aus unterschiedlichen Klassen Beiträge zu religionsrelevanten Themen liefern.

Unterrichtsidee 3.2: Die Darstellung von Trauer in Popsongs untersuchen
(Klasse 5–10)

(von Edelgard Moers)

> **In Kürze**
> Der Einsatz eines Popsongs garantiert keine Schüleraktivität, „Betroffenheit" oder gar Kreativität. Gelingt es einer L nach entsprechender Vorlaufzeit, ein positives Lernklima in einer Klasse zu erzeugen, das es den SuS gestattet, selbstständig und kreativ zu arbeiten, stellen anspruchsvolle Songs jedoch ein hervorragendes Medium dar, um sich vielschichtig und intensiv mit verschiedenen Fragestellungen des Religionsunterrichts auseinanderzusetzen. Durch eine selbst erstellte Power-Point-Präsentation erleben die SuS eine große Wertschätzung ihrer Arbeit.

Ziele/Kompetenzen	Die SuS ... • beschäftigen sich mit dem Tod als eine der wichtigsten Lebensfragen. • erfassen den Inhalt des Songs und sprechen darüber. • erstellen eine Power-Point-Präsentation.
Digitale Medien	• PC • Smartphone • ggf. CD-Player • Beamer
Material	• Songtext • Stifte, Papier • lange Stoffbahn, am besten aus Pannesamt (als Weg) • Legematerialien für die Gestaltung (farbige Tülltücher, farbige Steine, Glasnuggets, künstliche Blüten- und Efeublätter, kleine Herzen aus Filz, getrocknete Zweige u. Ä.) • mehrere Tabletts
Vorbereitung	• passenden Song auswählen • Kopie des Songtextes (strophenweise)
Sozialform	Gruppenarbeit
Zeitbedarf	3 bis 4 x 45 Min.
Achtung!	Da bei einer öffentlichen Aufführung vor Publikum GEMA-Gebühren anfallen könnten, kann der Einfachheit halber vorab auch nach GEMA-freien Songs recherchiert werden. Entsprechende Verzeichnisse finden sich im Internet.

Phase	Unterrichtsverlauf	Sozialform
Einstieg	Die L spielt den SuS im Zusammenhang mit dem Thema „Abschied, Sterben, Tod und Trauer" einen passenden Song vor (z. B. „Der Weg" von Herbert Grönemeyer). Das Lied kann im Internet abgerufen oder von einer CD abgespielt werden. Über einen Beamer kann der Liedtext gezeigt werden (zu finden z. B. über die Internetseite „Songtexte"). Die L legt einen langen Streifen aus Pannesamt auf dem Boden aus. Dieser Streifen soll den im Lied geschilderten Trauerweg darstellen. Auf diesem Streifen werden die Kopien der einzelnen Strophen ausgelegt.	Plenum

Erarbeitung	Die SuS lesen die einzelnen Strophen schrittweise und formulieren zu jeder Strophe eine Überschrift. Dann ordnen sie sich einer Strophe zu und finden sich in Gruppen zusammen. Jede Gruppe nimmt sich ein Tablett, bedeckt es mit einem farbigen Tuch und legt danach die Überschrift der Strophe darauf. Dann gestalten die SuS die Aussage durch Legematerialien.	GA
Präsentation	Die SuS stellen der Reihe nach ihre Tabletts auf oder an den Pannesamt-Weg, erläutern ihre Entscheidungen für Farben und Material und hören sich anschließend noch einmal den Song an. Danach fotografieren sie sowohl die einzelnen Gestaltungsarbeiten als auch die Strophentexte und fassen gemeinsam alle Gruppenbeiträge in einer Power-Point-Präsentation zusammen. *Tipp*: Die SuS können überlegen, ob sie ihre Power-Point-Präsentation am Tag der offenen Tür einem größeren Publikum präsentieren möchten (Song-Rechte beachten!). Ergänzend können sie den Zuschauerinnen und Zuschauern erklären, wie sie vorgegangen sind.	Plenum
Reflexion	Die SuS betrachten ihre Ergebnisse unter verschiedenen Fragestellungen: • Sind die Fotos deutlich, sodass die Gestaltungsarbeiten erkennbar sind? • Sind die gewählten Bildausschnitte aussagekräftig? • Ergänzen sich die Gruppenarbeiten bzw. ist das Gesamtwerk gelungen?	Plenum

Tipp:
Die Legematerialien können in kleinen Kästchen aufbewahrt und immer wieder für Gestaltungsarbeiten verwendet werden.

Ebenfalls für den Religionsunterricht und eine ähnliche Gestaltungsarbeit könnten die folgenden Songs geeignet sein. Zuvor sollte jedoch geprüft werden, ob der gewählte Titel GEMA-frei ist oder gemeldet werden muss.
- „Halleluja" von Leonard Cohen
- „Die zehn Gebote" oder „Vaterunser" von den Toten Hosen
- „Das will ich sehen" von Sabrina Setlur
- „Irrlicht" von Rio Reiser
- „Wenn ich nur noch einen Tag zu leben hätte" von Basis
- „Hier und überall" von Brings
- „Vielleicht" von Söhne Mannheims/Xavier Naidoo
- „Solange" von Glashaus

Unterrichtsidee 3.3: Einen Podcast zum Thema „Sterbehilfe" aufnehmen
(ab Klasse 10)

(von Thomas Nonnenmacher)

In Kürze

Ein Podcast zum Thema „Sterbehilfe" baut emotionale Barrieren und Abwehrhaltungen ab: Die SuS nehmen bei der Erarbeitung eines Drehbuches unterschiedliche Rollen und Positionen ein und können sich dadurch aus unterschiedlichen Perspektiven mit dem Thema auseinandersetzen, ohne sich wertend festzulegen. Die SuS üben dabei spielerisch ein, nur die wesentlichen Inhalte in ansprechender sprachlicher Form wiederzugeben. Durch die Vorgabe eines bestimmten Rahmens (z. B. Dauer, Textumfang der Vorlage) können sie an die Thematik herangeführt werden.

Ziele/Kompetenzen	Die SuS ... • setzen sich mit aktuellen individual- und sozialethischen Herausforderungen auseinander. • entwickeln eigene Perspektiven für eine ethische Urteilsfindung. • übertragen religiös relevante Texte und Sachverhalte in eine andere Darstellungsform. • entfalten ihr Vorhaben im Sinne des kooperativen Lernens. • wenden technische Geräte für das Gestalten von Podcasts an und erweitern so ihre ästhetische Wahrnehmung und Medienkompetenz.
Digitale Medien	• PC/Laptop • MP3/Wave-Recorder (alternativ: Mikrofon oder Headset mit direktem Anschluss an PC/Notebook) • externe Lautsprecher • USB-Stick • SDHC-Karte • Aufnahme-Software (z. B. Audacity, AudioRecorder, Free Sound Recorder oder N023 Recorder)
Sozialform	Gruppenarbeit
Zeitbedarf	1 bis 2 x 45 Min.
Achtung!	Besonders bei guten Mikrofonen können Hintergrundgeräusche sehr störend wirken. Darum sollte es geeignete Räumlichkeiten oder Orte in der Schule geben, die von den einzelnen Gruppen genutzt werden können. Ein gemeinsames Arbeiten aller Gruppen in einem Klassenraum ist kaum möglich.

Phase	Unterrichtsverlauf	Sozialform
Einstieg	Die SuS bilden Gruppen mit 3 bis 5 Personen. Zunächst sammeln sie Stichwörter oder ganze Sätze zum Thema „Sterbehilfe", aus denen sie im Anschluss einen Text für die spätere Aufnahme erarbeiten. Anhand von Pro- und Kontraargumenten wird eine Diskussion nachgestellt. Dabei ist darauf zu achten, dass die Redeanteile verteilt sind und alle „Redner" angemessen zu Wort kommen. Sollten die SuS vorab Interviews geführt haben, können diese eingearbeitet werden. Dies kann im O-Ton oder nachgestellt erfolgen. Alternativ kann es auch nur einen Sprecher geben, der die Argumente zusammenfasst und präsentiert.	GA

Erarbeitung	Das Gespräch wird probeweise aufgenommen. Dabei ist auf lautes und deutliches Sprechen zu achten. Nach Proben von etwa 10 bis 15 Minuten wird das Gespräch zur finalen Verwendung aufgenommen. Eventuell wird noch eine zweite oder dritte Fassung erstellt. Mehr nicht! Es sollte keine vollkommene Perfektion angestrebt werden. Die Gruppe sollte vorab festlegen, wer sich um die Aufnahme kümmert. Jede Aufnahme sollte sofort abgespeichert werden. Beim portablen MP3-Recorder ist die Aufnahme meist sehr einfach. Je nach Modell müssen nur die Start-/Aufnahmetaste und die Stop-/Pausetaste gedrückt werden. Die Aufnahmeergebnisse werden dann per USB-Stick oder SDHC-Karte auf den PC/Laptop überspielt. Beim Mikrofon wird die Aufnahme über das entsprechende Programm auf dem PC/Laptop gestartet. Es muss nicht sofort gesprochen werden, denn der „stumme" Anfang kann relativ einfach entfernt werden. Die Aufnahmen sind sichtbar, wenn die Datei des portablen MP3-Recorders mit dem passenden Programm (z. B. Audacity) geöffnet wird. Bei Aufnahme mit dem an den PC angeschlossenen Mikrofon öffnet sich automatisch eine Bedienoberfläche mit Audiospur.	GA
Analoge Alternative	Beim Ausfall der Technik kann der Podcast auch ohne Aufnahme eingeübt und anschließend live präsentiert werden. Dafür wird vorher ein Drehbuch erarbeitet, das Grundlage für die Live-Präsentation ist. Innerhalb der Gruppe werden Vertreter für Pro- und Kontraargumente bestimmt (Standpunkt kann, muss aber nicht mit der eigenen Einstellung übereinstimmen). Anhand von (Sach-)Texten, Äußerungen im Internet oder geführten Interviews wird dann ein Ablauf bzw. eine fiktive Diskussion erstellt. Oder: Die Diskussion verläuft nach einer gewissen Vorbereitungszeit für die SuS frei. Im Anschluss an die Diskussion ziehen die beobachtenden SuS ein Resümee.	

💡 *Tipp:*

Am Anfang könnte auch eine Hausaufgabe stehen: Die SuS erhalten konkrete Anweisungen und erstellen zu Hause (in Gruppen) einen kurzen Podcast (ca. 3 Minuten) zu einem bestimmten oder frei gewählten Thema. Hinweise zur Bedienung des Audio-Editors finden sich z. B. auf den Internetseiten von „Ohrenspitzer" oder „Ocenaudio".

4 Schöpfung

Unterrichtsidee 4.1: Eine Hörfunksendung zum Thema „Erhalt der Schöpfung" entwickeln (Klasse 5–10)

(von Edelgard Moers)

> **In Kürze**
> Die SuS bringen ihre Gedanken, Gefühle und Erlebnisse zum Thema „Schöpfung" in unterschiedlichen Textsorten zum Ausdruck. Die Beschäftigung mit der Erhaltung der Schöpfung ist ein Beitrag zum Umwelt-, Natur- und Tierschutz und kann auch fächerübergreifend bearbeitet werden. Die SuS können das Thema möglicherweise auf den Wald, die Luft, auf Gewässer oder die Landwirtschaft eingrenzen.

Ziele/Kompetenzen	Die SuS ... • formulieren ihre Erlebnisse, Eindrücke, Gedanken und Gefühle zur Schöpfung und halten ihre Beiträge und Ideen zum Schutz der Schöpfung fest. • bringen ihre Gedanken, Gefühle, Erlebnisse und Ideen allein oder in Gruppen in unterschiedlichen Textsorten zum Ausdruck.
Digitale Medien	digitales Aufnahmegerät
Vorbereitung	ggf. passende Musikstücke auswählen
Sozialform	Einzelarbeit, Gruppenarbeit
Zeitbedarf	4 x 45 Min.
Achtung!	Falls die Sendung öffentlich ausgestrahlt werden soll, muss zuvor geprüft werden, ob die verwendete Musik GEMA-frei ist oder gemeldet werden muss.

Phase	Unterrichtsverlauf	Sozialform
Einstieg	Die SuS haben sich bereits mit dem Thema „Schöpfung" auseinandergesetzt und erhalten nun den Arbeitsauftrag, eigene Texte zu diesem Thema zu verfassen oder kurze Bibeltexte abzuschreiben.	Plenum
Erarbeitung 1	Die SuS bringen in einem ersten Schritt ihre Gedanken, Gefühle und Erlebnisse im Zusammenhang mit dem Thema „Schöpfung" in unterschiedlichen Textsorten zum Ausdruck (Einzel- oder Gruppenarbeit). Sie schreiben z. B.: • Bibelzitate • eine Kurzfassung des biblischen Schöpfungsberichtes oder der Evolution • ein eigenes Gedicht • einen Bericht über die Zerstörung der Schöpfung • ein Rollenspiel über einen Gang durch die Natur, bei dem viele kleine Schönheiten entdeckt werden und zum Staunen anregen • einen Bericht über den Besuch in einer biologischen Station • ein Interview mit einem Förster • ein Interview mit einem Politiker über die Veränderungen in der Natur und die Gefahren in der Zukunft	EA/GA

Erarbeitung 2	In einem zweiten Schritt wählen die SuS Musikstücke aus, die im Wechsel mit ihren Beiträgen gespielt werden sollen. Schließlich übernehmen sie abwechselnd die Moderation, begrüßen die Zuhörer, kündigen die jeweiligen Beiträge an und verabschieden sich am Schluss. Die Beiträge werden in einer von den SuS gemeinsam festgelegten Reihenfolge aufgenommen. Dabei achten sie darauf, dass Ruhe im Raum herrscht, damit die Aufnahmen nicht durch Nebengeräusche gestört werden. Die Sendung sollte nicht länger als 60 Minuten sein.	EA/GA
Reflexion	Nachdem die SuS die Sendung gemeinsam angehört haben, diskutieren sie z. B. zu folgenden Fragen: • Hat die Sendung einen Spannungsbogen? • Sind die einzelnen Beiträge inhaltlich logisch und nachvollziehbar? • Gibt es störende oder zu lange Beiträge? • Wechseln sich fantasievolle und realistische oder kritische und hoffnungsvolle Beiträge sinnvoll ab? • Passt die Musik zu den Beiträgen?	Plenum
Präsentation	Die SuS können die fertige Hörfunksendung für den privaten Gebrauch kopieren, oder sie präsentieren sie einem Publikum, das für die Darbietung in die Klasse oder in die Aula eingeladen wird.	Plenum

Tipp:
Es kann versucht werden, den fertigen Sendebeitrag mithilfe eines regionalen Bürgerfunks der Öffentlichkeit vorzustellen. Dazu sollte die L Kontakt mit dem Sender aufnehmen, um sich vorab zu erkundigen, ob grundsätzlich Interesse besteht.

Unterrichtsidee 4.2: Die Schöpfung musikalisch und bildlich darstellen
(ab Klasse 10)

(von Martin Buntrock)

> **In Kürze**
> Die SuS beschäftigen sich mit der Schöpfung. Sie sprechen über Gefahren und darüber, wie auch sie zur Erhaltung beitragen können. Sie planen gemeinsam ein Video, das aus Schöpfungsbildern und motivverstärkender Musik besteht.
> Durch die Verbindung von kreativen Elementen (Text schreiben, Musik „komponieren" und spielen, Spiel vor der Kamera) sowie der technischen Arbeit mit Kamera und Computersoftware besteht für alle SuS die Möglichkeit, sich in einer Kleingruppe mit ihren Begabungen und Vorlieben einzubringen und damit wesentlich zum Gesamtergebnis der Großgruppe beizutragen.

Kompetenzbereich/ Lehrplanbezug	Die SuS ... • planen gemeinsam ein Vorhaben, in dem ethisch und religiös relevante Inhalte zum Ausdruck gebracht werden. • schreiben einen Songtext, komponieren Musik. • nutzen das Smartphone oder eine Videokamera für gezielte Aufnahmen. • üben den Umgang mit Musik- und Videosoftware. • reflektieren das Gelernte mit Blick auf Umsetzung, Darstellung und Wirkung.
Digitale Medien	• Smartphone/PC/Videokamera • Video-Schnittprogramm (z. B. Magix Video deluxe (Windows), iMovie (iOS)) • Musikprogramm (z. B. Magix Music Maker oder Amadeus (beide Windows), GarageBand (iOS))
Material	• Mikrofon • Musikinstrumente (z. B. Keyboard, Gitarre, Stabspiel, Schlagzeug, Trommeln, Perkussionsinstrumente)
Vorbereitung	Sich mit der Musiksoftware bzw. der App vertraut machen
Sozialform	Gruppenarbeit
Zeitbedarf	6 bis 8 x 45 Min.
Achtung!	Wenn das Video später im Internet hochgeladen und zugänglich gemacht werden soll, muss bei der Verwendung von Musikstücken vorab geklärt werden, ob es rechtliche Beschränkungen für deren öffentliche Nutzung gibt. Aktuelle Musiktastaturen/Keyboards besitzen häufig einen Midi-Anschluss per USB und können so direkt mit dem PC verbunden werden. Für die Nutzung von virtuellen Instrumenten (VST-Plugins) ist in der Regel ein zusätzliches Interface mit einem ASIO-Treiber nötig, damit die Instrumente beim Einspielen ohne Zeitverzögerung (Latenz) gehört werden können.

Phase	Unterrichtsverlauf	Sozialform
Einstieg	Die SuS formulieren gemeinsam mit ihrer L den Arbeitsauftrag, z. B. die einzelnen Schöpfungstage musikalisch und bildlich darzustellen, und organisieren sich in Kleingruppen. Im Anschluss sammeln sie Ideen für Fotos oder Videosequenzen.	Plenum GA
Erarbeitung	Sie erstellen ein Storyboard und machen gezielt Aufnahmen. Im Anschluss nehmen sie mit ihrem Smartphone oder dem PC Musik auf und fügen diese anschließend über das Bearbeitungsprogramm in der richtigen Reihenfolge und Länge mit den bereits produzierten Aufnahmen/Bildern zusammen. Wenn die SuS nicht über ausreichend musikpraktische Erfahrungen verfügen, können sie mithilfe entsprechender Musiksoftware selbst Kompositionen erstellen. Hierzu gibt es kostenlose Programme oder Testversionen, die eine bestimmte Zeit ohne oder nur mit geringen Einschränkungen genutzt werden können (z. B. Magix Music Maker, Amadeus). Zum Umgang mit den Programmen gibt es zahlreiche Erklärvideos und Anleitungen im Internet. Abschließend laden die SuS ihren Film z. B. auf Youtube hoch.	GA
Präsentation	Ergänzend zu der Präsentation auf einer Videoplattform können die SuS ihren Clip z. B. anderen Klassen, Eltern oder Lehrpersonen vorstellen, um unmittelbare Reaktionen zu erhalten.	Plenum
Reflexion	In einem gemeinsamen Gespräch mit der L ziehen die SuS Bilanz: • Wird die Aussage deutlich? • Sind die Fotos oder Videosequenzen sinnvoll? • Ist die Musik angemessen? • Ist das Zusammenspiel von Bildern und Musik gelungen?	Plenum

Tipp:
Für die Vertonung des Videos gibt es verschiedene Möglichkeiten:
- Eine selbst gewählte Harmoniefolge, die die SuS auf einem Keyboard, einer Gitarre oder Stabspielen umsetzen und mit einem Bassinstrument ergänzen. Häufig verwendete Harmoniefolgen sind beispielsweise C, G, Am, F oder Am, G, C, F.
- Rhythmische Elemente können mit Schlagzeug, Trommeln und Perkussionsinstrumenten erzeugt werden.
- Klangcollagen mit Naturgeräuschen, die zusätzlich durch verschiedene Effekte (Hall, Echo, ...) verändert werden, können auch zum Einsatz kommen.
- Bearbeitung von existierenden Samples mit Musikprogrammen.

5 Gottesbild und Bibel

Unterrichtsidee 5.1: BibleFace – ein Selfie aus Bibelversen generieren (Klasse 5–10)

(von Hans Hubbertz)

> **In Kürze**
> Die Website BibleFace greift den Selfie-Trend auf und verbindet moderne Porträts mit der Schriftkultur des traditionellen Buchdrucks der Bibel.
> Die selbst gewählten traditionellen biblischen Texte werden mit den Selfies verknüpft: Die Grau- und Farbwerte des Fotos werden aus dem Schriftbild der Typografie des Bibeltextes generiert. Ein Selbstporträt mit einem Bibelvers zu verbinden, stellt einen spielerischen Anstoß dar, aktiv einen passenden Vers zu suchen und über dessen Bedeutung für das Individuum nachzudenken. Diese Aktivität nimmt den Kerngedanken der Reformation auf, das Individuum den biblischen Text für sich in seiner Bedeutung auslegen zu lassen: Warum habe ich gerade diesen Vers gewählt, was spricht mich darin besonders an?

Ziele/Kompetenzen	Die SuS ... • bringen religiös relevante Texte in eine andere Darstellungsform. • nutzen das Smartphone für ein Selfie, verbinden es mit einem Bibelspruch zu einem Textbild und erweitern so ihre ästhetische Wahrnehmung und ihre Medienkompetenz.
Digitale Medien	Smartphone/PC
Material	Bibel, Konkordanz
Vorbereitung	Eventuell ein Bild mit BibleFace zu Präsentationszwecken erstellen
Sozialform	Einzelarbeit
Zeitbedarf	1 x 45 Min.

Phase	Unterrichtsverlauf	Sozialform
Einstieg	Die L zeigt den SuS ein besonderes Selfie: Sein/Ihr Gesicht aus Buchstaben. Gegebenenfalls erkennen die SuS schon an dieser Stelle, dass es sich um besondere Buchstabenkonstellationen handelt – um einen Bibeltext. Die L fordert die SuS auf, einen Bibelvers vorzustellen, der ihnen viel bedeutet. Danach erläutert die L den Arbeitsauftrag, ein Selfie mit einem selbst gewählten Bibeltext zu verknüpfen. Sie stellt den SuS die Internetseite BibleFace vor.	Plenum
Erarbeitung	Die SuS wählen ein Bibelwort aus. Anschließend machen sie mit dem Smartphone ein Selfie und laden es auf der Website von BibleFace zusammen mit dem Bibelvers hoch. Schon kurz darauf erhalten sie das umgerechnete Textbild.	EA
Präsentation/ Reflexion	Die SuS präsentieren ihre Textbilder und begründen, warum sie sich für den Bibeltext entschieden haben. Abschließend kann überlegt werden, ob und wie die Bilder weiterverwendet werden sollen (z. B. als Bild auf einem T-Shirt, einer Postkarte, als Hintergrundbild).	Plenum

Unterrichtsidee 5.2: Gott als Video-Star – ein Musikvideo gestalten (Klasse 7–10)

(von Stefanie Pfister)

> **In Kürze**
> Musikvideos sprechen unmittelbar die Gefühlswelt der SuS an und befreien von Hemmungen bei der Beschäftigung mit dem Thema. Deutungen und Begriffsbildungen werden erleichtert, wenn sich die SuS auf die Gefühlsschwingungen einer musikalischen Wiedergabe beziehen können. Spontanität in Zugang und Gestaltung werden gefördert.
> Musikvideos sind nicht aufwendig: Die SuS sind Digital Natives und beschäftigen sich ohnehin häufig mit dem Erstellen von Musikvideos.

Ziele/Kompetenzen	Die SuS ... • beschreiben ihre individuellen Gottesvorstellungen (Wahrnehmungskompetenz). • können ihre individuellen Gottesvorstellungen, Gedanken, Ideen, Gefühle in Form eines Musikvideos fokussiert darstellen (Deutungs- und Darstellungskompetenz). • achten die Gottesvorstellungen anderer und können eine eigene reflektierte Haltung dazu entwickeln (Gestaltungs- und Urteilskompetenz). • vertiefen oder erlernen die Methode „Gestaltung eines Musikausschnittes" und verbinden es mit digitalen Medien (Methoden- und Medienkompetenz).
Digitale Medien	• Smartphone/PC/Tablet (sollten nicht ausreichend Smartphones vorhanden sein, können auch immer zwei SuS ein Handy benutzen) • Beamer • Musikvideo-App (z. B. iMovie (iOS), EnjoyMobi Video Editor oder Video Maker Pro (Android))
Vorbereitung	Die SuS sollen rechtzeitig informiert werden, ihr internetfähiges Smartphone mitzubringen. Optimal wäre es, wenn sie schon vorab eine passende Musikvideo-App installieren.
Sozialform	Gruppenarbeit
Zeitbedarf	mind. 4 x 45 Min.
Achtung!	• Die Zustimmung der Eltern zum Herunterladen der App sollte – aufgrund der rechtlichen Bedenken (Verbindung mit Facebook, ggf. unerwünschte Weitergabe von Daten usw.) – zuvor durch einen Elterninformationsbrief eingeholt werden. • Nachteilig ist es, wenn die Ergebnisse lediglich auf dem Handy angesehen werden können. Daher sollten die SuS auf alle Fälle ihre Ladekabel mitbringen, damit die Musikvideos auch über den PC oder über einen Beamer angeschaut werden können. • Es sollte auf Transparenz bei der Notengebung geachtet werden. Die SuS sollten zu Beginn darüber informiert werden, was in die Bewertung einfließt (z. B. Beteiligung aller SuS, Qualität und Zielgerichtetheit der Beiträge, Einhaltung der Regeln, Präsentation der Ergebnisse in der Kursgruppe). • Da bei einer öffentlichen Aufführung vor Publikum GEMA-Gebühren anfallen könnten, sollten die SuS besser nur GEMA-freie Musik verwenden. Entsprechende Verzeichnisse finden sich im Internet.

Phase	Unterrichtsverlauf	Sozialform
Einstieg	Als stummen Impuls schreibt die L den Satz „Gott ist für mich wie ..." an die Tafel. Dazu kann sich ein erstes Unterrichtsgespräch anbahnen, z. B. welche Gottesvorstellungen die SuS haben, welche Emotionen sie mit dem abstrakten Begriff „Gott" verbinden oder welche kognitiven Aspekte. Es können auch bekannte biblische Gottesvorstellungen genannt werden, dabei sollten aber die Vielzahl und Vielseitigkeit von Gottesvorstellungen betont werden. Die SuS sollten daher ausdrücklich dazu ermutigt werden, eigene Gottesvorstelllungen zu nennen, zu entwickeln und zu gestalten. Wenn die SuS keine Gottesvorstellungen formulieren wollen, weil sie sich als nicht religiös definieren, können sie auch ein Musikvideo zum Thema „Was mich im Leben trägt, stärkt und schützt ..." erarbeiten. Dann erläutert die L die Methode zum Erstellen eines Musikvideos: • Kennenlernen der Funktionen der App/PC-Anwendung • Einhalten des Themas/der Ausgangsfrage und der Regeln (eigene und fremde Bilder/Musik sind erlaubt; keine Diffamierungen) • Zielorientiertes Zusammenstellen und Schneiden	Plenum
Erarbeitung	Im Weiteren tauschen die SuS ihre Gedanken und Gottesvorstellungen in der Kleingruppe aus. Danach gestalten sie das Storyboard, fotografieren und gestalten die Bilder, unterlegen sie mit Musik und schneiden das Video.	GA
Sicherung/ Präsentation/ Reflexion	Abschließend stellen sich die SuS gegenseitig ihre Ergebnisse vor, tauschen sich darüber aus und geben Verbesserungstipps und möglicherweise konkrete Überarbeitungshinweise.	Plenum

Tipp:
Die Produktion eines Musikvideos eignet sich auch gut als Projekt.

Unterrichtsidee 5.3: Interviews mit Eva, Lilit und Debora ... – Internetrecherche zum Thema „Frauen in der Bibel" (Klasse 9/10)

(von Stefanie Pfister)

In Kürze
Die SuS recherchieren in Partnerarbeit zu einer Frau aus der Bibel und stellen ihre Ergebnisse in Form eines Interviews vor. Für ihre Interviews entwerfen die SuS präzise und zugleich gesprächsförderliche Fragen, stellen ihre Sachkenntnisse unter Beweis und erzeugen mit einer lebendigen Gesprächsentwicklung Empathie für die Interviewte. Somit spiegeln Interviews auch einen lebendigen Ich-Du-Kontakt.

Ziele/Kompetenzen	Die SuS ... • erwerben Kenntnisse über eher unbekannte Frauen der Bibel (Wahrnehmungskompetenz). • erarbeiten zu einer Frauengestalt ihrer Wahl deren biografische Erfahrungen und formulieren deren theologische Schwerpunkte in Form eines Interviews (Wahrnehmungs- und Deutungskompetenz). • achten und respektieren die verschiedenen Lebenswege, Biografien und religiösen Kontexte der Frauen und können eine eigene reflektierte Haltung zu der Person entwickeln (Gestaltungs- und Urteilskompetenz). • vertiefen die Methode „Internetrecherche" (Methoden- und Medienkompetenz).
Digitale Medien	• PC mit Internetzugang (auch wenn erste Recherchen mit Smartphones oder Tablets durchgeführt werden können, ist die Arbeit in einem PC-Raum wichtig, da man sofort eine Datei anlegen, Texte kopieren und Bilder ausdrucken bzw. bearbeiten kann) • Smartphone/Tablet
Material	Gestaltungsmaterialien zur Präsentation der Ergebnisse z. B. in Form einer Wandzeitung, eines Plakats bei einem Gallery Walk
Vorbereitung	• PC-Raum reservieren • Materialien bereitstellen • Beispielinterview mit einer Frage- und einer Antwortkarte zu einer biblischen Person vorbereiten
Sozialform	Partnerarbeit
Zeitbedarf	mind. 4 x 45 Min.
Achtung!	Das Internet kann dazu verleiten, dass sich die SuS in der Informationsmenge „verlieren", daher sind Leitfragen und der Hinweis auf eine zeitlich begrenzte Recherche wichtig. Die SuS sollten aufgefordert werden, sich immer wieder ihre geplanten Interviewfragen ins Gedächtnis zu rufen und gezielt nach Antworten darauf zu suchen. Damit soll gleichzeitig verhindert werden, dass die Vorstellung der ausgesuchten Frauengestalt am Ende zeitlich ausufert. Es sollte auf Transparenz bei der Notengebung geachtet werden. Die SuS sollten zu Beginn darüber informiert werden, was in die Bewertung einfließt (z. B. Qualität der Beiträge, Recherche von Hintergrundinformationen, die adäquate und spannende Präsentation der Ergebnisse vor der Gruppe, die visualisierte Unterstützung durch Bilder bzw. weitere Materialien, wie z. B. Plakat, Power-Point-Präsentation).

Phase	Unterrichtsverlauf	Sozialform
Einstieg	Zuerst schreibt die L z. B. folgende Namen als stummen Impuls an die Tafel: Lilit, Debora, Eva, Rebekka, Delila, Tamar, Ruth, Ester, die Königin von Saba, Susanna, Maria, Marta, Judit. Dazu kann sich ein erstes Unterrichtsgespräch darüber anbahnen, warum es nur weibliche Namen sind, welche Namen die SuS davon schon kennen, welche Geschichten sie mit ihnen verbinden und welche Aufgabenstellung sie vermuten. Schließlich stellt die L eine Person näher vor. Ein Schüler erhält die Fragekarte, eine Schülerin die Antwortkarte (oder umgekehrt) und lesen diese im Wechsel vor. Im Anschluss erfolgt der Arbeitsauftrag durch die L: „Sucht euch eine euch bisher unbekannte biblische Frauengestalt aus und stellt diese der Gesamtgruppe in Form eines Interviews vor. Beschreibt im Interview ihr Leben, ihre Schwierigkeiten, ihren Glauben und vermutet auch, wie sie sich fühlen könnte."	Plenum
Erarbeitung	In der Erarbeitungsphase ist es wichtig, dass die SuS zunächst einen Fragenkatalog zu einer unbekannten biblischen Frauengestalt erstellen, der bei der weiteren Recherche ergänzt/modifiziert werden kann. Es sollte auch nach Gedanken/Gefühlen/persönlichen Erfahrungen der Person gefragt werden, die im rezeptionsästhetischen Sinne von den SuS eigenständig vermutet werden können. Für die Internetrecherche bieten sich die Internetseiten von Bibelwissenschaften (Bibelkunde), Deutschlandfunk (Frauen in der Kirche) und Deutsche Bibelgesellschaft (Personensuche) an.	PA
Präsentation/ Überarbeitung	Die Arbeitsergebnisse werden als Partnerinterviews und visualisiert als Plakat, Wandzeitung oder Power-Point-Präsentation in der Klasse vorgestellt. Die SuS geben sich gegenseitig Feedback und eventuell Tipps zur Überarbeitung.	Plenum
Reflexion	Die SuS reflektieren ihre individuellen Lernprozesse im Hinblick auf die Recherchekompetenz, den Lernzuwachs und die Darstellungskompetenz.	Plenum
Vertiefende Weiterarbeit	Die Arbeit kann thematisch fokussierter z. B. im Hinblick auf Theologie oder die Bedeutung für die Kirchengeschichte ausgeweitet werden.	PA

Tipp:
Die Fragekarte kann folgende Fragen enthalten:
- Wer bist du?
- Wie heißt du?
- Wo lebst du?
- Mit wem bist du zusammen?
- Was hast du (mit Gott) erlebt?
- An was glaubst du?
- Welchen Wunsch hast du?

Die Antwortkarte könnte wie folgt lauten:
Ich heiße Eva, zuerst habe ich im Paradies gelebt. Mein Mann heißt Adam, wir haben uns vor Gott versteckt ..., ich glaube, wir haben etwas nicht ganz richtig gemacht. Ich hoffe, dass wir eines Tages wieder im Paradies sein werden. Ich wünsche mir, dass meine Söhne friedlich zusammen spielen und leben.

Unterrichtsidee 5.4: Fanfiction zu einer biblischen Person verfassen (Klasse 7–10)

(von Stefanie Pfister)

In Kürze	
Die SuS schreiben zu einem eher unbekannteren biblischen „Nebendarsteller" eine Fanfiction bzw. eine Nebendarstellerstory mithilfe einer passenden App. Dabei werden die Nebendarsteller und/oder deren Welt in einer neuen, fortgeführten, verfremdeten oder alternativen Handlung dargestellt. Aufgrund der App können die SuS jederzeit die Texte der anderen SuS einsehen, diese einbinden und damit den eigenen Erzählstrang verändern, sodass die eigene Erzählung stets sehr dynamisch, unwägbar und offen im Schreibprozess bleibt.	

Ziele/Kompetenzen	Die SuS ... • beschreiben eine biblische Person mit ihren Charakterzügen und sozialen Kontexten (Wahrnehmungs- und Deutungskompetenz). • können zu einem biblischen Nebendarsteller einen möglichen Erzählstrang entwickeln und diesen strukturiert aufschreiben (Deutungs- und Schreibkompetenz). • können diesen Erzählstrang mit den theologischen Inhalten verbinden und weiterentwickeln (Darstellungskompetenz).
Digitale Medien	• Smartphone (sollten nicht ausreichend Smartphones vorhanden sein, können auch immer zwei SuS ein Handy benutzen) • PC mit Internetfunktion • App zum Schreiben einer Fanfiction (z. B. Wattpad)
Material	Online-Bibel oder Printversion
Vorbereitung	Die SuS sollen rechtzeitig informiert werden, ihr internetfähiges Smartphone mitzubringen. Optimal wäre es, wenn sie schon vorab eine passende Fanfiction-App installieren. Die L sollte entweder in einer der bekannten Kategorien (bei Wattpad: Religion, Glaube, Bibel, Gott, Leben, Liebe usw.) oder in einer neu eröffneten Kategorie den Namen der biblischen Person und einen Anfangstext eingestellt haben. Letzterer sollte eine handlungs- und problembezogene Ausgangssituation benennen, aus der sich Erzählimpulse für den Nebendarsteller ergeben.
Sozialform	Einzel- und Partnerarbeit
Zeitbedarf	6 x 45 Min.
Achtung!	Die Zustimmung der Eltern zum Herunterladen der App sollte – aufgrund der rechtlichen Bedenken (Verbindung mit Facebook, ggf. unerwünschte Weitergabe von Daten usw.) – zuvor durch einen Elterninformationsbrief eingeholt werden. Das Schreiben auf der Website oder mithilfe der App kann die SuS dazu verleiten, im Internet zu surfen. Deshalb sollte die L zu Beginn noch einmal deutlich auf das Ziel, die Benotung und die Möglichkeit einer unangekündigten Einblicknahme hinweisen. Es sollte auf Transparenz bei der Notengebung geachtet werden. Die SuS sollten zu Beginn darüber informiert werden, was in die Bewertung einfließt (z. B. Beteiligung aller SuS, Qualität und Zielgerichtetheit der Beiträge, Einhaltung der Regeln, Auswertung der Printpräsentation). Die Wechselwirkung der verschiedenen Kapitel/Texte unterschiedlicher Autorinnen und Autoren kann verwirrend sein. Daher ist die Aufgabe erst ab Jahrgangsstufe 7 zu empfehlen.

Phase	Unterrichtsverlauf	Sozialform
Einstieg	Die L schreibt den Namen einer biblischen Person, z. B. David, als stummen Impuls an die Tafel und fordert die SuS dazu auf, weitere bekannte Personen aus dem Umfeld dieser biblischen Person zu nennen. Die SuS recherchieren anschließend im biblischen Text (1. und 2. Samuel), welche weiteren Personennamen vorkommen, in welcher Beziehung sie zu David stehen usw. In einem Soziogramm und in einer Tabelle halten sie die Namen der biblischen Nebendarsteller, ihre Verbindung zu David, ihre Funktion und mögliche weitere Erlebnisse fest. Zudem sollte eine gemeinsame (biblische oder theologische) Ausgangsfrage entwickelt werden, wie z. B.: „Inwiefern kann der Nebendarsteller Davids Aufgabe als König beeinflussen?" Sinnvoll ist es, wenn die SuS den biblischen Text bereits kennen, dessen theologische Schwerpunkte bearbeitet haben und ebenfalls schon einige Aspekte zu den anderen Personen bekannt sind. Dann erläutert die L die Methode und die Regeln der Fanfiction anhand der App (z. B. Wattpad): • Schreiben nur in der von der L eingerichteten Kategorie • Einhalten der Ausgangsfrage • kein Surfen im Internet • Arbeiten in Einzel- oder Partnerarbeit • Upload des Textes erst nach Sichtung durch die L • Beiträge mit dem richtigen oder dem bekannten Nutzernamen unterschreiben	Plenum
Erarbeitung 1	Die SuS erarbeiten die Tabelle und das Soziogramm z. B. mit folgendem Arbeitsauftrag: „Erstelle zunächst eine Tabelle von Davids Freunden, Familie und den Personen aus dem Umfeld. Fertige dann ein Soziogramm an, d.h., stelle grafisch die Beziehungen der Personen zu David und untereinander dar." Anschließend suchen die SuS sich eine Nebenfigur aus, zu der sie eine Fanfiction schreiben wollen und entwickeln einen ersten Erzählstrang – unter Berücksichtigung der Ausgangsfrage und mithilfe folgender Fragen: „Wer handelt? Mit welchem Ziel handelt die Person? In welcher Beziehung steht sie zu David? Was soll passieren? Was denkt, fühlt und will diese Person? Was passiert am Ende der Fanfiction?"	EA/PA
Überarbeitung	Die Ergebnisse (Tabelle, Soziogramm und Erzählstrang) werden dem Kurs vorgestellt und konstruktive Rückmeldungen eingearbeitet.	Plenum EA
Erarbeitung 2	Jetzt erfolgt das eigentliche Schreiben der Fanfiction: Die Texte oder Kapitel der einzelnen SuS werden in der App hochgeladen, sobald die L diese eingesehen hat. Es besteht die Möglichkeit, die verschiedenen Erzählstränge in Wechselwirkung treten zu lassen oder miteinander zu verbinden – entweder mehrere Kapitel zu einer Person oder mehrere Kapitel zu verschiedenen Nebendarstellern. Am Ende des Projekts sollen alle Texte eingestellt sein.	Plenum
Präsentation	Die L druckt die Fanfiction-Versionen für alle SuS aus, sodass sie gemeinsam die Nebendarsteller-Storys zur biblischen Person lesen können.	Plenum
Reflexion	Die SuS reflektieren ihre individuellen Lernprozesse im Hinblick auf die Methode, die Einhaltung der Regeln, den Schreibprozess und die Ergebnisse. Schließlich sammeln sie Verbesserungsvorschläge.	Plenum

Unterrichtsidee 5.5: Paare in der Bibel – eine Foto-Lovestory entwickeln
(Klasse 5–10)

(von Stefanie Pfister)

> **In Kürze**
> Die SuS gestalten in einer Kleingruppe eine Foto-Lovestory zu einer biblischen Beziehungsgeschichte und präsentieren ihre Ergebnisse. In der App können die SuS dazu eigene Fotos hochladen, bearbeiten und Texte hinzufügen. Im Medium „Foto-Lovestory" wird die Fremdheit zur biblischen Beziehungsgeschichte aufgehoben und die SuS finden einen direkten emotionalen Zugang zu Personen und Gefühlen. Die damalige Beziehungsgeschichte wird im Spiegel der heutigen Gefühlswelt lebendig.

Ziele/Kompetenzen	Die SuS ... • erarbeiten eine biblische Beziehungsgeschichte in den unterschiedlichen Beziehungsgefügen und in ihren Möglichkeiten und Grenzen (Wahrnehmungs- und Deutungskompetenz). • können ihre individuellen Erfahrungen, Gedanken, Ideen, zustimmende oder widersprüchliche Gefühle zu den biblischen Paaren einbringen und heute schwer Nachvollziehbares (z. B. Abraham mit Sarah und Hagar) benennen (Wahrnehmungs- und Deutungskompetenz). • können – je nach Altersstufe in Ansätzen – nachvollziehen, dass diese biblischen Beziehungsgeschichten von Menschen aufgeschrieben wurden, um Gottes Dasein, Macht und Möglichkeiten und letztlich fürsorgenden Heilsplan für das Volk Israel oder die ersten judenchristlichen Gemeinden aufzuzeigen (Wahrnehmungs-, Sach- und Urteilskompetenz).
Digitale Medien	• Smartphone (sollten nicht ausreichend Smartphones vorhanden sein, können auch immer zwei SuS ein Handy benutzen) • PC mit Internetzugang • App (z. B. Diashow-Gestalter (Android), WOW-Camera (iOS), Microsoft Photostory 3 (Windows) oder Comic Life (Windows und iOS, 30-tägige kostenfreie Demoversion)
Vorbereitung	Die SuS sollen rechtzeitig informiert werden, ihr internetfähiges Smartphone mitzubringen. Optimal wäre es, wenn sie schon vorab eine passende App installieren. Wenn die SuS am PC arbeiten, sollte die Anwendung schon vorinstalliert sein. Hier ist zu prüfen, ob die Schulrechner – die durch notwendige Internetsperren gesichert sind – die Anwendungen akzeptieren. Eine sorgfältige Vorbereitung und Auswahl der biblischen Beziehungsgeschichten im Hinblick auf die jeweiligen Lerngruppen ist wichtig! Darauf sollte geachtet werden: • Ist die Geschichte altersangemessen? • Spiegelt sie heutige Beziehungsprobleme wider? • Lassen sich Peergroup-Erlebnisse auf die Geschichte beziehen? • Welche Beziehungskonflikte und Lösungsansätze sind erkennbar?
Sozialform	Gruppenarbeit
Zeitbedarf	3 x 45 Min.

Achtung!	Beim Gestalten einer biblischen Foto-Lovestory sollte die L damit rechnen, dass die SuS im Sinne einer rezeptionsästhetischen Auseinandersetzung die biblischen Texte sehr verfremden und mit ihrer Alltagssprache füllen. Hier sollte ein Vergleich mit den biblischen Texten nicht zur Herabwürdigung der Schülerarbeiten führen, sondern im Gegenteil die Arbeit der SuS als eigenständige Interpretationspraxis gewürdigt werden. Es sollte auf Transparenz bei der Notengebung geachtet werden. Die SuS sollten zu Beginn darüber informiert werden, was in die Bewertung einfließt (z. B. Beteiligung aller SuS, Qualität und Zielgerichtetheit der Beiträge, Einhaltung der Regeln, Auswertung der Printpräsentation).

Phase	Unterrichtsverlauf	Sozialform
Einstieg	Mit dem Impuls „Lovestorys in der Bibel?" kann die L ein erstes Unterrichtsgespräch anbahnen, gegebenenfalls werden dabei schon erste biblische Namen genannt. Es kann auch darüber diskutiert werden, ob es z. B. eher langsam entstehende Beziehungsgeschichten sind (wie z. B. bei Jakob/Rahel oder Isaak/Lea und Ruth/Boas), ob sie mit Intrigen oder gar Missbrauch von „Liebe" verbunden sind (wie z. B. bei David/Batseba oder Delila/Simson) oder ob es überhaupt eine „Liebesgeschichte" ist (z. B. Josef/Potifars Frau). Dann erläutert die L den Ablauf zur „Gestaltung einer Foto-Lovestory" mithilfe der ausgewählten App oder am PC: • Einteilen der Gruppen • Inhaltliche Erarbeitung des biblischen Textes in der Gruppe • Einhalten des Themas/der Ausgangsfrage • Aufzeichnen von „Panels" und „Storyboard" • Einholen einer Rückmeldung durch die L • Erstellen von Fotos • Upload und Bearbeiten der Fotos	Plenum
Erarbeitung	Die SuS erarbeiten die biblischen Geschichten in Kleingruppen, indem sie diese lesen, sich darüber austauschen, sie strukturieren, thematische Schwerpunkte setzen und über die Art der Beziehung diskutieren. Anschließend werden die ersten „Panels" (einzelne Bilder der Story) skizzenartig im „Storyboard" (Skizze über die Chronologie und Handlung der Bilderreihe) aufgezeichnet. Entsprechende Fotos werden aufgenommen, hochgeladen, bearbeitet und mithilfe der App zu einer Foto-Lovestory angeordnet.	GA
Präsentation	Die SuS stellen ihre Gruppenergebnisse auf dem Handy, besser am PC vor.	Plenum
Reflexion	Die SuS reflektieren ihre individuellen Lernprozesse im Hinblick auf die Methode, die Einhaltung der Regeln und der Ergebnisse. Welche „Stolpersteine" sind bemerkt worden? • Bei der Interpretation der Geschichte • Bei der Transformation auf heutige Beziehungsprobleme • Im Arbeitsprozess der Gruppe	Plenum

Tipp:
Als biblische Beziehungsgeschichte eignen sich zur Umsetzung der Aufgabe besonders:
- Adam und Eva
- Abraham und Sara
- David und Batseba
- Hagar und Abraham
- Jakob und Rahel
- Isaak und Rebekka
- Mose und Zippora
- Josef und Potifars Frau
- Ruth und Boas
- Delila und Simson
- Maria und Josef
- Priska und Aquila

Hinweis:
Fachdidaktisch resultiert die Methode der Foto-Lovestory aus der performativen Religionsdidaktik, dem Verfremden von Texten bzw. stellt einen rezeptionsästhetischen Aspekt der bibeltheologischen Didaktik nach Mirjam Schambeck dar.

6 Martin Luther

Unterrichtsidee 6.1: Martin Luther und der Reformation im Internet auf die Spur kommen (ab Klasse 10)

(von Edelgard Moers)

> **In Kürze**
> Die SuS sammeln eigene Fragen zu Martin Luther und der Reformation und recherchieren im Internet nach Antworten. Ein kritischer Umgang mit Informationen ist eine komplexe Qualifikation, die sich erst nach und nach durch umfassende Erfahrungen entwickeln kann. Bei zu vielen Suchergebnissen müssen die SuS ihre Fragestellungen eingrenzen, damit sie bei der Materialvielfalt nicht die Übersicht verlieren. Sie werden erfahren, dass auch im Netz Meinungsfreiheit herrscht und dass es keine Kontrollinstanz für Informationen gibt. Durch den Vergleich mit anderen Informationen bekommen sie bald ein Gefühl für die Qualität von Dokumenten. So werden sie Schritt für Schritt für einen kritischen Umgang mit gefundenen Daten und Informationen sensibilisiert.

Ziele/Kompetenzen	Die SuS ... • recherchieren im Internet nach Informationen. • stellen ihre Quellen vor und bewerten sie. • formulieren Antworten auf Fragen und nutzen dabei ausgewählte Quellen.
Digitale Medien	• PC mit Internetzugang, Suchmaschine (z. B. Google, Bing, Yahoo, DuckDuckGo) • Smartphone/Tablet • ggf. Beamer
Sozialform	Einzelarbeit, Partnerarbeit
Zeitbedarf	5 bis 8 x 45 Min.
Achtung!	SuS ab Klasse 10 verfügen bereits über Grundkenntnisse zur Recherche, nutzen Suchmaschinen sowie Suchdienste und wenden elementare Suchstrategien an. Sie sind grundsätzlich in der Lage, die Informationsfülle kritisch zu bewerten. Die von den SuS vorgeschlagenen Lösungen erheben nicht den Anspruch auf absolute Richtigkeit, aber sie beruhen auf einer gemeinsamen Bewertung, die von der L und allen SuS akzeptiert wird.

Phase	Unterrichtsverlauf	Sozialform
Einstieg	Die SuS aktivieren ihr Vorwissen zu Martin Luther und der Reformation, sammeln eigene Fragen zum Thema, ordnen sie nach Oberbegriffen und teilen sich danach in Gruppen auf. Sie achten darauf, dass die Fragen möglichst spezifisch sind und nicht zu allgemein. Bevor sie mit der Internetrecherche beginnen, legen sie Kriterien fest, nach denen sie ihre Quellen beurteilen (z. B. Objektivität, Übersichtlichkeit, Sprachstil, Aktualität der Informationen).	Plenum
Erarbeitung 1	Die SuS recherchieren zu ihren jeweiligen Fragestellungen über Suchmaschinen (z. B. Google, Bing, Yahoo, DuckDuckGo) nach passenden Links im Internet. Die gefundenen Seiten speichern sie ab und notieren die genaue Quelle (URL).	EA GA

Präsentation 1	In einem ersten Durchgang präsentieren die SuS nur ihre Quellen. Es geht noch nicht darum, Antworten auf die Fragen liefern, sondern darum, die Quellen einer Bewertung zu unterziehen. Gemeinsam erstellen sie Link-Listen und versehen sie mit eigenen Kommentaren. An der Adresse eines Dokuments lässt sich meist erkennen, wer dafür verantwortlich ist. Viele Anbieter einer Internetquelle geben auch nähere Informationen über sich selbst. Wenn ein Internetauftritt beispielsweise von einer renommierten Institution, einer Fachzeitschrift oder einem Schulbuchverlag gepflegt wird, ist die Quelle als seriös zu bewerten. Große Vorsicht ist geboten, wenn sich der Anbieter der Internetquelle gar nicht zu erkennen gibt. Grundsätzlich ist zu empfehlen, mehrere Dokumente zu einem Sachverhalt zu suchen und sie miteinander zu vergleichen. Auf diese Weise lässt sich zwar noch nicht immer sagen, ob die Informationen glaubhaft sind und verwendet werden können, aber die SuS bekommen ein Gefühl für die Qualität einer Information.	Plenum
Erarbeitung 2	Die SuS gehen in ihre Gruppen zurück und formulieren mit eigenen Worten Antworten auf die ausgewählten Fragen. Dabei nutzen sie das Material, das der vorherigen Bewertung standgehalten hat und führen am Schluss die genutzten Quellen auf.	GA
Präsentation 2	Die SuS stellen ihre Antworten auf die Fragen der Klasse vor. Sie können sie über einen Beamer zeigen, z. B. im Rahmen einer Power-Point-Präsentation.	Plenum
Reflexion	Die SuS äußern sich zu ihren Erfahrungen mit der Quellensuche und den gefundenen Informationen. Sie erläutern die Nutzung der Quellen und das Formulieren der Antworten auf die Fragen. Sie gehen auch darauf ein, was sie gelernt haben, was ihnen gefallen hat und woran sie noch weiterarbeiten werden.	Plenum

Tipp:
Die SuS können für ihre Recherche auch Experten befragen, Printmedien einbeziehen und die Schulbibliothek oder Stadtbibliothek nutzen. Sie können verschiedene Gesprächstechniken weiter einüben, eine Pro-und-Kontra-Diskussion und aktives Zuhören nutzen, um die Quellenkritik sachlich und erfolgreich durchzuführen.

Unterrichtsidee 6.2: Von Facebook zu Heavensbook – Martin Luthers Rechtfertigungsidee näherkommen (Klasse 8–10)

(von Bianca Brettträger)

> **In Kürze**
> Die SuS nutzen Social Media zur Kommunikation und Selbstdarstellung. Der Druck, ein positives Bild von sich abzugeben und die negativen Momente im Leben auszublenden ist groß, die Versuchung, das eigene Bild zu optimieren wächst. Doch wo ist die Grenze? Der Rechtfertigungsgedanke kann den SuS eine Orientierung bieten.
> Die Unterrichtsidee baut auf einem Videoclip auf, in dem ein junger Mann unzufrieden mit seinem Leben ist, Beziehung und Karriere scheitern. Online jedoch zeigt er – animiert durch viele Likes – ein erfolgreiches und glückliches Bild von seinem Leben. Als er sich dazu entschließt, ehrlich zu sein, werden seine Posts von Freunden verborgen.

Ziele/Kompetenzen	Die SuS ... • reflektieren symbolisch den Druck, sich in sozialen Medien positiv und optimiert darstellen zu müssen. • wenden in einem Gedankenexperiment die befreiende Wirkung des Rechtfertigungsgedankens auf die Social-Media-Nutzung an.
Digitale Medien	• Internetanschluss • Laptop • Beamer • Lautsprecher • alternativ: IWB • ggf. Screenshots (z. B. VLC Media Player, Snipping Tool (Windows) oder Bildschirmfoto (iOS))
Material	• Kreppklebeband für eine Meinungslinie • Karteikarten, Stifte
Vorbereitung	• Screenshots einzelner Szenen und Schriftzug des erfundenen sozialen Netzwerks „Heavensbook" • Passenden Videoclip auswählen (z. B. „What's on your mind" von Shaun Higton u. a. auf Vimeo, Youtube oder Facebook)
Sozialform	Partnerarbeit
Zeitbedarf	mind. 3 x 45 Min.
Achtung!	Gerade im Umgang mit Social Media haben SuS in der Regel eine andere Realität und Einstellung als Erwachsene. Ein präventiver Ansatz, der von vornherein moralisierende Antworten kennt und den SuS aufdrängen will, wird scheitern. Wichtig ist, dass die SuS ihre eigenen Antworten finden und die L ihnen lediglich Hilfestellungen gibt. Dass Facebook bei Jugendlichen immer mehr an Popularität verliert, ist für die Einheit nicht relevant, da die eigentlichen Gedanken übertragbar sind.

Phase	Unterrichtsverlauf	Sozialform
Einstieg	Zum Einstieg machen sich die SuS Gedanken darüber, wofür das Smartphone in ihrem Leben steht. Anschließend positionieren sie sich auf einer Meinungslinie von „Stimme voll zu" über eine verbotene Mitte zu „Stimme überhaupt nicht zu" zu den folgenden Aussagen: 1. „Ich kann mir ein Leben ohne Smartphone nicht mehr vorstellen." 2. „Meine Freundschaften funktionieren mit Smartphone besser als ohne." 3. „Die Kommunikation mit meinen Freund*innen über Whatsapp, Instagram und Co. ist genauso vertrauenswürdig, wie Face-to-Face-Gespräche." Im Anschluss werden Positionswechsel zwischen 2. und 3. besprochen.	Plenum
Erarbeitung 1	Die SuS schauen gemeinsam z. B. den kurzen Videoclip „What's on your mind". Die kurzen englischen Texte werden mithilfe von Screenshots in Partnerarbeit übersetzt. Neben der sprachlichen Übersetzung dient dies einer ersten Auseinandersetzung mit den Szenen. Im Plenum beschreiben die SuS das Verhalten des Hauptdarstellers aus ihrer Sicht. Stichworte werden an der Tafel festgehalten. Was veranlasst den Protagonisten, so zu handeln, wie im Video gezeigt? Die Antworten der SuS auf diese Frage werden auf Karteikarten festgehalten. *Tipp:* Screenshots lassen sich z. B. einfach herstellen mit dem VLC Media Player über die erweiterte Steuerung (aktivierbar über Ansicht) oder die bereits in den Betriebssystemen enthaltenen Programme Snipping Tool (Windows) bzw. Bildschirmfoto (iOS).	Plenum PA
Erarbeitung 2	Die Antwortkarten der SuS aus der vorigen Einheit sowie ein Bild des Protagonisten dienen als Erinnerungshilfe. Die SuS werden durch den Schriftzug „Heavensbook" zu einem Gedankenspiel angeregt: „Im Internet gibt es eine neue Seite: Heavensbook. Das Besondere daran ist: Nur gute, wohlmeinende Engel lesen, was Menschen auf dieser Seite posten. Sonst niemand! Und nur gute, wohlmeinende Engel kommentieren, was Menschen dort posten. Stellt euch das mal vor!" Die ersten Reaktionen der SuS werden abgewartet. „Was wäre an den Posts des Protagonisten anders, wenn er auf Heavensbook posten würde?" In Partnerarbeit schreiben die SuS neue Posts zu den einzelnen Szenen des Clips und legen sie neben die Screenshots. Im Plenum werden die Ideen vorgelesen und diskutiert: • „Was ist der Unterschied zwischen den Posts auf Facebook und jenen auf Heavensbook?" • „Wie erklärt ihr euch diesen Unterschied?" Die Ergebnisse werden von der L festgehalten.	Plenum PA

Transfer: Rechtfertigungslehre	Die Ergebnisse aus der Diskussion werden in der dritten Unterrichtseinheit als Erinnerungshilfe genutzt. Das Bild des Protagonisten aus dem Film wird durch ein Bild von Martin Luther ersetzt. „Martin Luther und der Protagonist haben etwas gemeinsam … Wetten?" Hier kann sich eine bewährte Stunde zur Rechtfertigungslehre anschließen.	Plenum
Reflexion	Zur Reflexion stellen die SuS die Verbindung zwischen der Logik von Social Media, Heavensbook und der Entdeckung Luthers her. Das eigene Medienverhalten soll im Rahmen der Unterrichtsidee nur stellvertretend reflektiert werden und unbewusst nachwirken. Es wird nicht explizit zum Thema gemacht.	Plenum

Unterrichtsidee 6.3: Ein Erklärvideo zum Thema „Martin Luther und die Reformation" drehen (Klasse 5–10)

(von Edelgard Moers und Jürgen Moers)

In Kürze Die SuS sammeln Fragen, die sich mit Martin Luther und der Reformation beschäftigen, und erstellen dazu in Kleingruppen Erklärvideos mithilfe eines Smartphones für andere SuS. Dafür müssen sie sich in andere SuS hineinfühlen und sich Gedanken darüber machen, wie sie ihnen das Thema näherbringen und ihre Fragen beantworten können.	

Ziele/Kompetenzen	Die SuS ... • sammeln für den Religionsunterricht bedeutende Fragen, finden Antworten und stellen komplexe Inhalte didaktisch reduziert für andere SuS dar. • finden in Gruppen angemessene Erklärungen zum Leben Martin Luthers. • nutzen abstrakte und konkrete Darstellungen (Grafiken, Figuren, Texttafeln, Sprechblasen) und binden sie in ein Erklärvideo ein.
Digitale Medien	• pro Gruppe ein Smartphone • Link zum „Lutherfilm 2017" im Internet (z. B. bei Youtube) bereitstellen (zeigt Stationen auf Luthers Lebensweg)
Material	Schere, farbige Karten, Kleber, Figuren, Stifte
Sozialform	Gruppenarbeit
Zeitbedarf	5 bis 6 x 45 Min.

Phase	Unterrichtsverlauf	Sozialform
Einstieg	Die SuS setzen sich zur Vorbereitung mit dem Thema „Martin Luther und die Reformation" auseinander. Sie sammeln und formulieren Fragen, wie z. B.: „Warum hat Martin Luther seine 95 Thesen aufgestellt?" oder „Was hat Martin Luther auf der Wartburg gemacht?". Dann wählt jede Gruppe eine Frage aus, die sie weiter bearbeiten möchte.	Plenum GA
Erarbeitung	Die SuS legen vor den Aufnahmen Kriterien für ihr Vorhaben fest und skizzieren ein Mini-Drehbuch. Dann beginnen sie mit dem Dreh zu ihrer Fragestellung. Das Video sollte nicht länger als 5 bis 7 Minuten sein.	GA
Präsentation/ Reflexion	Die SuS schauen sich nacheinander die verschiedenen Erklärvideos an. Dabei achten sie vor allem darauf, ob die Filme für andere SuS zur Nutzung geeignet sind und diskutieren darüber unter bestimmten Fragestellungen, wie z. B.: Sind die Fragen durch die Erklärvideos nachvollziehbar beantwortet und sachlich richtig dargestellt worden? Welche Wirkung hat das einzelne Erklärvideo?	Plenum

Beispiel eines Drehs zum Thema: „Warum hat Martin Luther seine 95 Thesen aufgestellt?"

Der zuvor erstellte (Film-)Text wird beim Dreh von einem „Sprecher" vorgelesen:
„Martin Luther war immer der Meinung, dass man sich von Sünden nicht freikaufen könne. Zu seiner Zeit war das jedoch so üblich. Wer gesündigt hatte, warf anschließend Geld in einen Kasten und seine Seele war wieder rein. Das ist nur ein Beispiel dafür, was Martin Luther ganz gewaltig auf den Keks ging und ihn richtig wütend machte. Deshalb setzte er sich hin und schrieb auf, was er nicht gut fand. Als er alles aufgeschrieben hatte, ließ er diese Liste an die Tür der Schlosskirche von Wittenberg nageln, damit darüber diskutiert werden konnte. Die meisten Menschen, die seine 95 Thesen lasen, fanden sie gut und schon bald wurde der Ablasshandel in der Stadt Wittenberg nicht mehr geduldet und Ablasshändler wurden vertrieben."

Die SuS überlegen, welche Requisiten sie zur bildlichen Darstellung der jeweiligen Textpassage benötigen bzw. vorbereiten müssen:

1. Im Bild: Ein gemaltes Gesicht (Martin Luthers) mit *geradem* Strichmund.
Off-Text: „Martin Luther war immer der Meinung, dass man sich von Sünden nicht freikaufen könne."

2. Im Bild: Das gemalte Gesicht wird aus dem Bild gezogen, eine Zeichnung mit einer Truhe, in die Geld hineingeworfen wird, rückt stattdessen ins Blickfeld (fortan werden die Bildkarten immer nacheinander ausgewechselt).
Off-Text: „Zu seiner Zeit war das aber so üblich. Wer gesündigt hatte, warf anschließend Geld in einen Kasten und glaubte, dass seine Seele wieder rein sei."

3. Im Bild: Nun kommt wieder das gemalte Gesicht Martin Luthers ins Bild – diesmal aber nicht mit geradem Mund, sondern mit *heruntergezogenem* Mund.
Off-Text: „Das ist nur ein Beispiel dafür, was Martin Luther ganz gewaltig auf den Keks ging und ihn richtig wütend machte."

4. Im Bild: Martin Luther sitzt an einem Tisch und schreibt.
Off-Text: „Deshalb hat er sich hingesetzt und alles aufgeschrieben, was er nicht gut fand – heraus kam eine sehr lange Liste."

5. Im Bild: Eine Hand hält Hammer und Nagel.
Off-Text: „Dann ließ er die Liste an die Tür der Schlosskirche von Wittenberg nageln, damit sie jeder sehen konnte."

6. Im Bild: Im Hintergrund stehen viele Menschen – im Vordergrund sind groß zwei Hände zu sehen, die Beifall klatschen.
Off-Text: „Die meisten Menschen, die seine 95 Thesen lasen, fanden sie gut und schon bald wurde der Ablasshandel in der Stadt Wittenberg nicht mehr geduldet und alle Ablasshändler wurden vertrieben."

7. Im Bild zu sehen: Eine Hand zeigt: „Raus!"

7 Vielfalt des Glaubens

Unterrichtsidee 7.1: Die Weltreligionen im Internet erkunden (Klasse 5/6)

(von Inken Christiansen)

> **In Kürze**
> Im vorbereitenden Unterricht erkennen die SuS, dass Glaubens- und Alltagsleben der Weltreligionen anhand bestimmter Kategorien verglichen werden können. Sie erkunden eine Religion z. B. mithilfe der öffentlich geförderten, wissenschaftlich begleiteten und stets aktualisierten Internetseite von „Religionen entdecken". Aus der Vielfalt der gefundenen Informationen fassen sie zentrale Aspekte in eigenen Worten zusammen, beschriften Karteikarten und tragen ihre Ergebnisse der Klasse vor. Gemeinsam erstellt die Klasse ein Tafelbild, das wesentliche Basisinformationen zu den Weltreligionen bereitstellt, sodass sich Unterschiede und Gemeinsamkeiten zeigen und für weitere Vertiefungen genutzt werden können. Ihnen wird bewusst, dass die Weltreligionen trotz aller Unterschiede in den Glaubensvorstellungen und Ritualen große Ähnlichkeiten in den ethischen Maximen aufweisen. Hier kann das Unterrichtsgespräch einen wichtigen Beitrag zur Friedenserziehung leisten.

Ziele/Kompetenzen	Die SuS ... • erkennen, dass es unterschiedliche große Religionen gibt, die jeweils eigene Glaubensvorstellungen, Riten und ethische Maximen haben. • recherchieren in Gruppen eigenständig auf einer vorgegebenen Website, um Informationen über eine Weltreligion zu finden. • fassen die gefundenen Informationen pointiert in eigenen Worten zusammen. • vergleichen die gesammelten Informationen und reflektieren inhaltliche Unterschiede und Gemeinsamkeiten der Weltreligionen.
Digitale Medien	PC mit Internetzugang
Material	• Karteikarten bzw. entsprechend zugeschnittenes Papier • OHP, OHP-Folie • Ggf. Bücherauswahl zum Thema
Vorbereitung	• Tabelle auf Folie und als Kopie (Klassensatz) zum Religionsvergleich anlegen • Bücherauswahl zum Thema als zusätzliche Recherchemöglichkeit bereitstellen
Sozialform	Gruppenarbeit
Zeitbedarf	6 x 45 Min.
Achtung!	Websites sind häufig inhaltlich so umfassend und vielfältig gestaltet, dass sich die SuS schnell in Einzelheiten verlieren können oder über die eigenen Fragen die vorgegebenen Aufgaben vernachlässigen. Deshalb sollte die L immer wieder auf die Fragestellung und die begrenzte Zeit hinweisen. Bei Bedarf kann nach Möglichkeit auch eine zusätzliche Stunde zur freien Recherche eingeräumt werden.

Phase	Unterrichtsverlauf	Sozialform
Einstieg	Zuerst erarbeiten die SuS im Unterrichtsgespräch den Begriff „Weltreligionen". Sie überlegen gemeinsam, anhand welcher Kategorien sich die Glaubensvorstellungen und das alltägliche Leben von Religionen beschreiben lassen und stellen einen Fragenkatalog zusammen. Mögliche Fragen können sein: • Wann und wo ist die Religion entstanden? • Wer gilt als ihr Begründer? • Wie stellt sich die Religion Gott vor? • Was passiert aus Sicht der Religion nach dem Tod? • Welches sind die wichtigsten Regeln oder Gebote? • Wie heißt ein wichtiges Fest und wie wird es gefeiert? • Wo ist die Religion heute verbreitet?	Plenum
Erarbeitung	Anschließend bilden die SuS nach persönlichem Interesse 5 Gruppen, um weiter über eine Weltreligion zu recherchieren. Die Suche sollte auf eine Website (z. B. „Religionen entdecken") beschränkt werden, die genügend Vielfalt bietet, damit die SuS alle Fragen beantworten und darüber hinaus interessante Informationen erhalten können. Eine Suche im gesamten Netz würde zwangsläufig zu unübersichtlich werden und ausufern. Im Anschluss an die Recherche formulieren die Gruppen ihre Antworten auf die Ausgangsfragen, notieren sie auf Karteikarten und üben den Vortrag. Für die Recherche und das schriftliche Beantworten der Fragen sollten zwei Stunden eingeplant werden.	GA
Präsentation	Die Gruppenvorträge vor der ganzen Klasse dienen vor allem dem Religionsvergleich. Die L präsentiert eine Tabelle auf Folie und teilt diese der Klasse als Kopie aus, so wird die Schreibzeit verringert. Bei der Tabelle sollte die Reihenfolge Hinduismus – Buddhismus – Judentum – Christentum – Islam eingehalten werden, um anschaulich auf Verwandtschaften der Religionen aufmerksam machen zu können. Wenn die Tabelle nach Abschluss aller Vorträge ausgefüllt ist, erkennen die SuS Unterschiede und Gemeinsamkeiten, vor allem zwischen den asiatischen und den abrahamitischen Religionen.	Plenum

💡 *Tipp:*
Statt der bzw. zusätzlich zur Internetrecherche kann der Klasse auch eine Bücherkiste zur Verfügung gestellt werden. Viele Verlage halten ein breites Angebot an ansprechenden und informativen Büchern über die Weltreligionen bereit. Zusätzlich gibt es Sonderausgaben von Kinderzeitschriften (z. B. Geolino).

Unterrichtsidee 7.2: Judentum, Christentum und Islam in einem Podcast erklären
(Klasse 5–10)

(von Thomas Nonnenmacher)

> **In Kürze**
> Durch einen Podcast werden die SuS dazu angeregt, aus unterschiedlichen Perspektiven zu den Grundfragen der drei Religionsgemeinschaften Stellung zu nehmen, relevante Sachverhalte anzusprechen und kritische Aspekte zu thematisieren. Die SuS üben dabei spielerisch ein, wesentliche Inhalte und Unterschiede in ansprechender sprachlicher Form wiederzugeben.

Ziele/Kompetenzen	Die SuS ... • übertragen religiös relevante Texte und Sachverhalte in eine andere Darstellungsform. • entfalten ihr Vorhaben im Sinne des kooperativen Lernens. • wenden technische Geräte für das Gestalten von Podcasts an und erweitern so ihre ästhetische Wahrnehmung und ihre Medienkompetenz.
Digitale Medien	• Laptop • Smartphone/Mikrofon/Aufnahmegerät • Software zum Schneiden und Sequenzieren (z. B. Audacity)
Sozialform	Partnerarbeit, Gruppenarbeit
Zeitbedarf	2 x 45 Min.
Achtung!	Die SuS sollten bereits bei der Planung die Kriterien für ihr Vorhaben festlegen. Unterstützung durch die L kann dabei notwendig sein. Wenn SuS zum ersten Mal einen Podcast erstellen, sollten sie ein klares Raster in Bezug auf die Arbeitsabläufe vorliegen haben (z. B. mit Angaben über Länge des Podcasts, Themen und Inhalte, Rollenaufteilungen). Dies hilft ihnen, zielorientiert und effektiv zu arbeiten. Um die Tonqualität nicht unnötig durch Nachbargruppen zu beeinträchtigen, sollte bei der Aufnahme die Möglichkeit gegeben sein, Gruppenräume oder andere ruhige Räumlichkeiten zu nutzen. Da bei einer öffentlichen Aufführung vor Publikum GEMA-Gebühren anfallen könnten, sollten die SuS besser nur GEMA-freie Musik verwenden. Entsprechende Verzeichnisse finden sich im Internet.

Phase	Unterrichtsverlauf	Sozialform
Einstieg	Die L stellt die Aufgabe vor. Die SuS sollen zu Themen der Unterrichtseinheit „Christentum", „Judentum" oder „Islam" (z. B. Gottesbild, Rolle der Frau) einen Podcast erstellen, der die für sie wesentlichen Merkmale in Form eines fiktiven Interviews wiedergibt. Alternativ können auch Einzelfragen aufgegriffen und in Form einer Diskussion oder einer Erklärung eines Sachverhalts umgesetzt werden. Für den Podcast empfiehlt sich eine Dauer zwischen 3 und 10 Minuten.	LV Plenum

Erarbeitung	In Partner- oder Gruppenarbeit ist zunächst ein Skript zu erstellen, das als Vorlage für das Interview dient. Die Formulierung möglicher Fragen und Antworten kann sich an Sach- und Wissenstexten orientieren, die im Unterricht durchgenommen wurden. Es können aber durchaus auch „richtige" Interviews verwertet werden, die mit anderen SuS bzw. Vertretern der jeweiligen Religion geführt wurden. Umso jünger die SuS, desto konkreter sollten Form und Umsetzung der Aufgabenstellung vorgegeben werden. Bei einem fiktiven Interview erstellen die SuS ein Fragenraster und verfassen die Antworten gemeinsam. Je nach der zur Verfügung stehenden Zeit kann das Interview mehrmals geübt und probeweise aufgenommen werden. Bei im Umgang mit einem Schneideprogramm versierten SuS kann aus mehreren Versionen ein Best-of erstellt werden. Ansonsten empfiehlt sich die Auswahl der besten Liveversion. Eine weitere Möglichkeit ist die Aufnahme kurzer Teilsequenzen. Aus diesen Teilsequenzen werden dann die jeweils besten Aufnahmen ausgesucht und in der richtigen Reihenfolge zusammengefügt. Der Podcast kann durch Hintergrundgeräusche und kurze Musikeinspielungen untermalt werden. Dabei ist unbedingt auf die Verbindung zwischen Musik und Inhalt zu achten. Wenn es z. B. um den Gottesdienst im Christentum geht, könnte im Hintergrund kurz ein Kirchenlied eingespielt werden. Das Freitagsgebet in der Moschee könnte durch ein entsprechendes Hörbeispiel „veranschaulicht" werden.	PA/GA
Präsentation	Die Podcasts können der ganzen Lerngruppe präsentiert werden. Dabei kann kritisch auf folgende Fragen eingegangen werden: • Ist die Auswahl wichtiger Inhalte gelungen? • Kann die Auswahl fundiert begründet werden? • Ist das Thema interessant und spannend aufbereitet? • Wurde darauf geachtet, dass die Stimmen nicht monoton klingen? • Wurden passende Hintergrundgeräusche oder auch passende Musikeinspielungen verwendet? Gemeinsam kann dann darüber entschieden werden, ob ein besonders gelungener Podcast auf der Homepage der Schule etwa im Bereich der Fachschaft zum Anhören eingestellt werden soll. Auch bei anderen Gelegenheiten (z. B. Projekttage) kann ein Podcast einem breiteren Publikum präsentiert werden. Dafür muss zuvor das Einverständnis der am jeweiligen Podcast beteiligten SuS eingeholt werden.	Plenum

Tipp:
Statt eines Interviews kommen auch andere Darstellungsformen infrage, wie z. B. Diskussion, Nachricht, Umfrage, „Modernisierung" eines Bibeltextes, Werbung, Erklärung von Sachverhalten, Hörspiel oder Projektpräsentation.

Ein Audio-Podcast kann „weiterverarbeitet" werden ...
• als Ton für einen selbst gedrehten Film.
• als Grundlage für einen Stop-Motion-Film.
• als Tonspur für einen Screencast.

Unterrichtsidee 7.3: Zum Thema „Religiöse Sonderwege" im Internet recherchieren
(Klasse 7/8)

(von Stefanie Pfister)

> **In Kürze**
> Die SuS recherchieren in Kleingruppen zu religiösen Sonderwegen und stellen ihre Ergebnisse und eigenen Bewertungen in Form von Bildbetrachtungen, Quellenzitaten/Glaubensberichten und Steckbriefen vor. Sie lernen dabei, sich kritisch mit unterschiedlichen religiösen Gruppierungen und Sonderwegen auseinanderzusetzen und zwischen ihnen zu unterscheiden.

Ziele/Kompetenzen	Die SuS ... • erwerben Grundkenntnisse über die Vielfalt religiöser Gruppierungen (Fachkompetenz). • lernen Grundmuster religiöser Sonderwege kennen, um diese beurteilen zu können, ohne jedoch dafür den früheren, diffamierenden Sektenbegriff zu nutzen (Wahrnehmungs- und Deutungskompetenz). • eignen sich Handlungs- und Urteilskompetenzen an, die für einen Umgang mit dem christlichen Glauben und anderen Religionen notwendig und förderlich sind (Dialog-, Handlungs- und Urteilskompetenz). • können Auskunft geben über die eigene Konfession und Unterschiede zu anderen religiösen Gruppierungen (Dialogkompetenz). • können zwischen lebensförderlich und lebensfeindlich wirkenden Religionsformen unterscheiden und eigene Entscheidungen in diesem Kontext kriterienbezogen begründen (Differenzkompetenz).
Digitale Medien	• PC mit Internetzugang (auch wenn erste Recherchen mit Smartphones oder Tablets durchgeführt werden können, ist die Arbeit in einem PC-Raum wichtig, da man sofort eine Datei anlegen, Texte kopieren und Bilder ausdrucken bzw. bearbeiten kann) • Smartphone/Tablet
Material	Gestaltungsmaterialien zur Präsentation der Ergebnisse z. B. in Form einer Wandzeitung, eines Plakats bei einem Gallery Walk
Vorbereitung	• PC-Raum reservieren • Materialien bereitstellen • Beispielbild zur Erläuterung der Methode der Bildbetrachtung auswählen
Sozialform	Partnerarbeit
Zeitbedarf	4 x 45 Min.
Achtung!	Das Internet kann dazu verleiten, dass die SuS sich in der Informationsmenge „verlieren", aber auch beginnen, Glaubensansichten unterschiedlicher Gruppierungen spannend bzw. attraktiv für das eigene Leben zu finden. Eventuell möchten sie z. B. den Persönlichkeitstest der Scientologen durchführen. Daher ist es wichtig, dass die L mit den SuS über die Sogkraft der Gruppierungen und deren Internetseiten spricht, mit ihnen die Argumentationsmuster erarbeitet und eine praktisch-theologische Beratungskompetenz aufweist. Es sollte auf Transparenz bei der Notengebung geachtet werden. Die SuS sollten zu Beginn darüber informiert werden, was in die Bewertung einfließt (z. B. Qualität der Beiträge, Recherchieren von Hintergrundinformationen, adäquate Präsentation der Ergebnisse, visualisierte Unterstützung durch Bilder bzw. weitere Materialien).

Phase	Unterrichtsverlauf	Sozialform
Einstieg	Zuerst führt die L die Methode der Bildbetrachtung vor (z. B. anhand eines Bildes von der Gruppe der Mormonen). Dabei sind folgende Schritte einzuhalten: • Das Bild in Ruhe betrachten • Die ersten Assoziationen zu dem Bild nennen • Eindrücke zur Formensprache (Aufbau, Formen, Farben) nennen • Bildgehalt analysieren (z. B. Bezug zur Bibel? Mögliche Bedeutung?) • Identifikation mit dem Bild (Wo findest du dich wieder? Wo würdest du dich verorten? Wo möchtest du sein? Bewirkt das Bild Einverständnis oder Irritation?) Im folgenden Unterrichtsgespräch stellt die L die Personen des Bildes, die Bedeutung und die Glaubensstrukturen des religiösen Sonderweges der Mormonen näher vor. Dann erhalten die SuS den Arbeitsauftrag. Er könnte lauten: „Recherchiert zu einem religiösen Sonderweg eurer Wahl und stellt diesen der Gesamtgruppe in Form a) einer Bildbetrachtung eines typischen Bildes der Gruppe, b) eines Glaubensberichtes, c) eines Steckbriefes und d) einer eigenen Bewertung vor." Die religiösen Gruppierungen werden von der L vorgegeben: z. B. Mormonen, Scientology, Zeugen Jehovas, Messianische Juden, Neuapostolische Gruppen, Neuoffenbarungsgruppen, christlicher Fundamentalismus/Kreationismus, gegebenenfalls Salafismus.	Plenum
Erarbeitung	In der Erarbeitungsphase ist es wichtig, dass die SuS zwischen subjektiven Internetseiten der jeweiligen Sonderwege und den objektiv-wissenschaftlichen Internetseiten der Arbeitsstellen für Weltanschauungsfragen oder den Sekteninformationsseiten zu differenzieren lernen. Es können jeweils Bilder und Glaubensberichte der jeweiligen Gruppierungen genutzt werden, aber diese sollten dann für den Steckbrief und die Bewertung um andere Internetseiten ergänzt werden.	PA
Präsentation	Im Anschluss an die Recherche sollen die Ergebnisse als Bildbetrachtung, zusammen mit einem Glaubensbericht, einem Steckbrief und der eigenen Bewertung visualisiert als Plakat, Wandzeitung oder Power-Point-Präsentation der Klasse vorgestellt werden. Es erfolgt ein gegenseitiges Feedback, gegebenenfalls eine Überarbeitung der Präsentation.	Plenum

Tipp:
Die Internetseiten der folgenden Anbieter sind z. B. für eine objektive Betrachtung empfehlenswert:
• Evangelische Zentralstelle für Weltanschauungsfragen
• Evangelische Informationsstelle Kirchen – Sekten – Religionen (CH)
• Confessio – Arbeitsstelle für Weltanschauungs- und Sektenfragen der Ev.-Luth. Landeskirche Sachsens
• Sekten-Info NRW
• Aufklärungsgruppe Krokodil der Eltern- und Betroffenen-Initiative zur Selbsthilfe (EBIS e.V.)
• Informationen der Kirche Bremen
• Evangelisch-lutherische Landeskirche Hannover
• Evangelische Kirche im Rheinland
• Sekten und Weltanschauungsfragen im Bistum Dresden-Meißen
• Diözese Fulda
• Bischöfliches Generalvikariat Trier Referat für Weltanschauungsfragen und Sekten
• Erzbischöfliches Ordinariat Freiburg
• Diözese Augsburg

Unterrichtsidee 7.4: Hintergründe ethischer Handlungsfelder ausfindig machen (Teil 1) (ab Klasse 10)

(von Inken Christiansen)

> **In Kürze**
> Religions- und Ethikunterricht in der Oberstufe zielt wesentlich darauf ab, die Heranwachsenden dabei zu unterstützen, mündig zu werden. Sie sollen dazu befähigt werden, in einer Welt divergenter Lebensformen und Wertorientierungen eigene Positionen zu aktuellen Herausforderungen zu entwickeln und diese reflektiert zu vertreten. Entscheidend dabei ist, dass den SuS Handwerkszeug vermittelt wird, das ihnen hilft, sich auch in zukünftigen, noch nicht absehbaren ethischen Fragen ein Urteil zu bilden. Sie sollten deshalb zunächst Unterricht über klassische ethische Modelle erhalten. Dazu gehören die Gegenüberstellung von Gesinnungsethik und Utilitarismus sowie die Christliche Ethik. Weitergehend bieten sich Tugendethik, Egoistische Ethik und Mitleidsethik oder auch ethische Positionen der großen Religionen an.
> Durch ihre eigenständige Recherche werden die SuS auf dem Weg in die Mündigkeit begleitet. Dieser Informationsweg steht ihnen auch nach dem Ende ihrer Schulzeit offen und wird voraussichtlich ihre wichtigste Quelle sein, wenn sie in ihrem Leben vor einem ethischen Dilemma stehen.

Ziele/Kompetenzen	Die SuS ... • erkennen, dass die Konfrontation mit persönlichen oder gesellschaftlichen Fragen zu Dilemmata führen kann, die sich nicht durch eine eindeutige Lösung überwinden lassen. • recherchieren in Gruppen im Internet umfassende Informationen zu aktuellen ethischen Fragen. • erarbeiten mithilfe ihres Grundlagenwissens ethische Positionen zu den aufgeworfenen Fragen.
Digitale Medien	PC/Tablet/Smartphone mit Internetzugang
Material	Überregionale Tageszeitungen
Zeitbedarf	4 x 45 Min.
Achtung!	Wie bei jeder Internetrecherche besteht für die SuS die Gefahr, in der Fülle der gefundenen Informationen den roten Faden zu verlieren. Zudem brauchen auch SuS dieser Altersstufe häufig noch Unterstützung dabei, seriöse Internetseiten von fragwürdigen zu unterscheiden.

Phase	Unterrichtsverlauf	Sozialform
Einstieg	Die Unterrichtssequenz baut auf vermitteltem Fachwissen über ethische Modelle auf. Zuerst wird mit den SuS erarbeitet, welche Themen zurzeit gesellschaftlich und politisch relevant oder umstritten sind bzw. durch welche Fragen sich für sie schwierige Entscheidungssituationen ergeben (z. B. Organspende, Sterbehilfe, Vorgeburtliches Leben, Fairer Handel). Die Gruppeneinteilung sollte interessengeleitet erfolgen, die Gruppengröße auf 4 bis 5 SuS beschränkt werden. Im Anschluss werden Kriterien für die Recherche entwickelt. Auch wenn diese themenabhängig sind, gelten grundsätzlich folgende 3 Fragen: 1. Worum geht es? 2. Wodurch entstehen Probleme? 3. Welche Fragen sind ethisch relevant?	Plenum GA

Erarbeitung	Die SuS können ihre Recherche mit konkreten Angaben in einer Suchmaschine beginnen, wie z. B.: „Der Weg einer Jeans", „Wie funktioniert Organspende?". Die Websites sollten ihnen nicht vorgegeben werden. Zentral ist, dass die SuS ihre Ergebnisse zu den Fragestellungen zusammen mit den Quellen strukturiert notieren und Grafiken, Karten o. Ä. abspeichern. Sollten die gewählten Themengebiete inhaltlich sehr umfassend sein, kann entsprechend mehr Zeit für die Recherche eingeräumt werden.	GA

Tipp:

Als zusätzliches Unterrichtsmaterial eignen sich insbesondere Berichte und Kommentare aus überregionalen Tageszeitungen. Zu dem Thema „Organspende" hält z. B. die Bundeszentrale für gesundheitliche Aufklärung umfassendes und kostenlos zu beziehendes Unterrichtsmaterial bereit. Das Thema „Sterbehilfe" wird insbesondere von der Evangelischen Kirche in Deutschland (EKD) aufbereitet. Hier kann man z. B. eine perspektivenreiche Broschüre zur „Christlichen Patientenverfügung" bestellen oder die Rechtsprechung des Bundesverfassungsgerichts zum Gesetz zur Sterbehilfe und die darauf bezogene Presseberichterstattung heranziehen. Zudem können SuS in der eigenen Stadt recherchieren: z. B. zum Thema „Vorgeburtliches Leben" in der Gynäkologie des örtlichen Krankenhauses. Viele Weltläden bieten Informationsmaterial und Seminare zum Thema „Fair Trade" an.

Unterrichtsidee 7.5: Informationen zu ethischen Handlungsfeldern präsentieren (Teil 2) (ab Klasse 10)

(von Inken Christiansen)

> **In Kürze**
> Kern der Sequenz ist die Aufbereitung einer großen Materialfülle für eine übersichtliche, gedanklich stringente und auf ethische Fragen konzentrierte Präsentation. Dadurch sollen die SuS üben, eigenständig eine abgewogene und durchdachte Position zu aktuellen gesellschaftlichen Herausforderungen zu entwickeln. Die Gruppen stellen dem Kurs ihre Ergebnisse mithilfe eines Präsentationsprogramms vor und leiten eine Diskussion über von ihnen ausgewählte Dilemmata.

Ziele/Kompetenzen	Die SuS ... • bereiten im Internet recherchierte Informationen als Power-Point-Präsentation für den Kurs auf. • stellen ihre komplexen Ergebnisse verständlich und in freiem Vortrag vor. • moderieren eine Diskussion zu Fragen über ausgewählte Dilemmata. • reflektieren gemeinsam die praktischen Auswirkungen unterschiedlicher ethischer Maximen. • entwickeln methodische Schritte, um einen begründeten eigenen Standpunkt zu aktuellen Fragen einzunehmen.
Digitale Medien	• PC/Laptop • Beamer
Material	ggf. Tafel/Flipchart
Zeitbedarf	mind. 6 x 45 Min.
Achtung!	Die von den SuS gewählten Themen sind in der Regel so komplex und die Recherchematerialien so umfangreich, dass die Reduktion auf wesentliche ethische Fragen schwierig ist. Während der Gruppenarbeit benötigen die SuS deshalb unbedingt Hilfe dabei, aus der Fülle der Informationen auszuwählen. Ebenso ist es eine Herausforderung, die Diskussion so zu leiten, dass sie einem roten Faden folgt – hier muss gegebenenfalls durch gezielte Impulse vorsichtig eingegriffen werden. Schnell kann dabei auch die vorgesehene Zeit überschritten werden – inwieweit dies aber auch sinnvoll und der gedanklichen Tiefe förderlich sein kann, liegt im Ermessen der L.

Phase	Unterrichtsverlauf	Sozialform
Einstieg	Der Unterrichtssequenz geht eine Gruppenrecherche zu aktuellen ethischen Handlungsfeldern voraus (z. B. Organspende, Sterbehilfe, Vorgeburtliches Leben, Fairer Handel, vgl. Idee 7.4). Jetzt entwickeln die SuS gemeinsam im Unterrichtsgespräch für alle Themen geeignete Fragestellungen zur Strukturierung der Präsentation, wie z. B.: • Worum geht es? • Welche Konflikte entstehen? • Warum gibt es unterschiedliche Positionen bzw. keine eindeutige Lösung? • Wie lassen sich die aufgeworfenen Konfliktfragen mithilfe verschiedener ethischer Modelle beantworten? • Welches Vorgehen halten wir als Einzelne oder als Gruppe für richtig?	Plenum

Erarbeitung	Anhand der Leitfragen strukturieren die Gruppen das von ihnen im Internet recherchierte Material. Im nächsten, entscheidenden Schritt verknappen sie die Informationen so, dass sie pointierte Stichpunkte für eine Präsentation formulieren können. Eine wichtige methodische Kompetenz besteht außerdem darin, Schaubilder, Diagramme oder andere Illustrationen so einzubinden, dass die anderen SuS rasch Überblickswissen erhalten. Zudem bereiten sich die Gruppen darauf vor, ihren Kurzvortrag im Wechsel der Sprechenden und möglichst frei zu halten.	GA
Präsentation	Die Präsentation sollte etwa 10 Minuten umfassen, weitere 20 Minuten werden für die von den Gruppen angeleitete Diskussion benötigt. Diese soll sowohl auf dem präsentierten Fachwissen aufbauen als auch die Vorkenntnisse über ethische Modelle integrieren. Um Redundanzen zu vermeiden und die Ergebnisse zu visualisieren, sollten zentrale Argumente der SuS von der präsentierenden Gruppe schriftlich festgehalten werden. Ziel der Diskussion ist nicht die Ausrichtung auf eine bestimmte Position, sondern das Vermögen, auf einem höheren ethischen Niveau zu debattieren (vgl. hierzu die Theorie der Entwicklung moralischer Stufen von Lawrence Kohlberg). Je nach Gruppengröße und Thema können 2 bis 3 Präsentationen in einer Doppelstunde untergebracht werden, an deren Ende jeweils ein kurzes Feedback des Kurses an die Gruppe stehen sollte.	Plenum
Reflexion	Zum Schluss der Unterrichtssequenz sollte im Unterrichtsgespräch reflektiert werden, inwiefern den SuS die Kenntnis der ethischen Modelle dabei geholfen hat, sich mit verschiedenen Themen auseinanderzusetzen und eine Position zu entwickeln, die sie nicht nur für sich, sondern auch vor anderen sicher vertreten können.	Plenum

ⓘ *Hinweis:*
Die SuS üben sich in den beiden vorgestellten Unterrichtsideen (7.4 und 7.5) darin, ihre Rolle als mündige Staatsbürger einnehmen zu können. Sie werden in diesem Unterricht aber nicht nur darauf vorbereitet, sich als Teilhaber einer demokratischen Gesellschaft reflektiert verhalten zu können, sondern sich auch eigenen existenziellen Herausforderungen zu stellen. Der Unterricht möchte ihnen Basiskompetenzen für den Umgang mit schwierigen Lebenssituationen mitgeben, z. B. wenn Angehörige sterben, der Kinderwunsch unerfüllt bleibt oder (christliche) Argumente während gesellschaftlicher Umbrüche gefragt sind.

Die Autorinnen und Autoren

Bianca Brettträger ist Studienleiterin für Medienpädagogik in Schule und Gemeinde am Pädagogisch-Theologischen Institut der Nordkirche.

Dr. Martin Buntrock ist Komponist, Musikproduzent, Musikpädagoge und führt Seminare zum Einsatz von Musik in Snoezelenräumen durch. Er entwickelte das spezielle Entspannungsverfahren „Integrative Music-Relaxation IMR".

Inken Christiansen leitet die Orientierungsstufe des Johanneums zu Lübeck und unterrichtet die Fächer Religion und Deutsch. Daneben arbeitet sie redaktionell für Andere Zeiten e.V.

Niklas Günther ist Studienleiter für Ev. Religion am „Institut für Qualitätsentwicklung an Schulen Schleswig-Holstein" (IQSH) und Lehrer an einer Gemeinschaftsschule in Kiel.

Dr. Hans Hubbertz ist Industrie- und Sozialpfarrer im Pfarramt für gesellschaftliche Verantwortung in den Ev. Kirchenkreisen Gladbeck-Bottrop-Dorsten und Recklinghausen.

Dr. Edelgard Moers ist Lehrerin, Dozentin, Autorin von Fachliteratur und Mitarbeiterin an Schulbüchern.

Jürgen Moers ist Fotograf und Filmemacher.

Thomas Nonnenmacher ist Referent für Religionspädagogik beim Erzbischöflichen Amt in Kiel und Religionslehrer im Kirchendienst (Grundschulen bis Gymnasien).

Prof. (apl.) Dr. Stefanie Pfister ist Privatdozentin am Seminar für Ev. Theologie/Religionspädagogik an der Westfälischen Wilhelms-Universität Münster und Lehrerin für Ev. Religionslehre, Sport und Deutsch an der Sekundarschule Ahlen.

Dr. Sönke Zankel ist Lehrer in Uetersen und habilitiert an der Universität Kiel im Bereich der empirischen Bildungsforschung. Er wurde mit dem Deutschen Lehrerpreis – Unterricht innovativ 2013 – ausgezeichnet.

Für mehr Power in der Schule
Empathische Ratschläge, die das Unterrichten erleichtern

978-3-589-16514-8

978-3-589-16515-5

Patente Tipps ...
Unterrichtsstörungen sind der Normalfall in der Schule. Vom gelassenen Umgang mit den alltäglichen Herausforderungen handelt dieses Buch. Die Autorin hilft dabei, auch ein gelegentliches Scheitern zu akzeptieren und sich einen eigenen Königsweg zu erarbeiten.

... für viele Situationen
Erfolgreiches Unterrichten hängt nicht zuletzt von der eigenen Persönlichkeit ab. Den richtigen Weg zu finden, fällt oft schwer – besonders den Berufseinsteiger(inne)n. Profitieren Sie nicht nur dabei von den Tipps der Autorin, einer langjährig erfahrenen Lehrerin.

Das gesamte Programm unter **cornelsen.de/sekundarstufe**

Anders lernen ...
Empfehlungen und Tipps für nachhaltigen Lernerfolg

978-3-589-16185-0

978-3-589-16499-8

Raus ins Leben!
Lernen an außerschulischen Orten bietet Potenzial, das unbedingt öfter genutzt werden sollte. Aber wie? Dieser Band liefert Orientierung und beschreibt zugleich Vorzüge sowie Grenzen eines Lernortwechsels. Außerdem finden Sie Praxisbeispiele für ausgewählte Unterrichtsfächer.

Anker fürs Gedächtnis
Mit Sketchnotes lassen sich auch komplexe Stoffinhalte so darstellen, dass jeder schnell einen Zugang findet. Dieser Band vermittelt Grundlagen, liefert Anleitungen und viele Beispiele. Eine Methode, die auch für Schülerinnen und Schüler nützlich ist, z. B. bei der Erstellung von Vorträgen.

Das gesamte Programm unter **cornelsen.de/sekundarstufe**